Das Zen der Kreativität

John Daido Loori

Das Zen der Kreativität

Den Künstler in sich erwecken

Aus dem Englischen von
Bernd Bender

Theseus Verlag

Besuchen Sie Theseus im Internet: www.Theseus-Verlag.de

Die Originalausgabe erschien unter dem Titel
The Zen of Creativity. Cultivating Your Artistic Life
2004 bei Ballantine Books
Ballantine is a registered trademark of Random House, Inc.

Bibliografische Information der Deutschen Bibliothek
Die Deutschen Bibliothek verzeichnet diese Publikation
in der deutschen Nationalbibliografie;
detaillierte bibliografische Daten sind im Internet über
http://dnb.ddb.de abrufbar.

Lektorat: Michael Stürzer

Umschlaggestaltung: Morian & Bayer-Eynck, Coesfeld, www.mbedesign.de
unter Verwendung einer Kalligrafie © Katharina Shepherd-Kobel
Gestaltung und Satz: Ingeburg Zoschke, Berlin
Druck: Freiburger Graphische Betriebe
Printed in Germany

ISBN 3-89620-287-1
ISBN 978-3-89620-287-1

Gedruckt auf alterungsbeständigem Papier mit chlorfrei gebleichtem Zellstoff.

Komm, sprach die Muse,
sing mir ein Lied, das kein Dichter je gesungen hat,
singe mir vom Universellen.

Auf unserer großen Erde,
mitten unter der maßlosen Grobheit und all der Schlacke
eingeschlossen und sicher in ihrem zentralen Herz,
nistet der Samen der Vollkommenheit.

Walt Whitman

Inhalt

Teil IV

Endloser Frühling

Danksagung

Ich kann mir nur schwer vorstellen, ein Buch ohne die Unterstützung einer Gruppe kluger und engagierter Menschen zu machen. Ich schätze mich glücklich, dass mir bei meinem Unterfangen ein ganz besonderes Team zur Seite stand; nur durch seine Hilfe war es möglich, dass meine langjährigen Erfahrungen im Unterrichten von »Zen und Kreativität« die Form eines Manuskriptes annehmen konnten.

An erster Stelle möchte ich Bonnie Myotai Treace erwähnen, die für mich ein magischer Spiegel war, in dem ich die Leserinnen und Leser besser sehen und spüren konnte.

Meine Dankbarkeit gilt auch meinem unermüdlichen Team von Lektoren, Konrad Ryushin Marchaj, Vanessa Zuisei Goddard und Kenny Wapner. Ihre sprachlichen Fähigkeiten und ihr Einsatz für das Projekt halfen, meine Worte auf Papier zu bannen, ohne dass dabei die Eigenheit meiner Stimme verloren ging. Chris Trevelyan danke ich für seine Unterstützung bei der grafischen Bearbeitung der Abbildungen.

Schließlich bedanke ich mich bei all meinen Studentinnen und Studenten, Freundinnen und Freunden, die den Text Korrektur gelesen haben und mich auf der langen Reise von der Idee zur Verwirklichung mit Rat und Tat begleitet haben.

Einführung

Die Zen-Künste dienen keinem nützlichen Zweck;
sie dienen auch nicht dem rein ästhetischen Vergnügen;
vielmehr zielen sie darauf ab,
den Geist zu üben, ihn in Verbindung mit der
letztendlichen Wirklichkeit zu bringen.

D. T. Suzuki

Kreativität gehört zu unserem Leben. Sie macht einen wesentlichen Teil unseres Menschseins aus – so grundlegend wie Gehen, Sprechen und Denken. Während unserer Evolution hat sie Innovationen in den Wissenschaften, Schönheit in den Künsten und Offenbarungen in den Religionen hervorgebracht. Jedes Menschenleben verfügt über ihre Samen und bringt sie permanent zum Ausdruck – ob wir nun eine Sandburg bauen, das Sonntagsessen vorbereiten, auf eine Leinwand malen oder einen Computer programmieren.

Der kreative Prozess ist, wie die spirituelle Reise auch, intuitiv, nichtlinear und experimentell. Er verweist uns auf unsere wahre Natur, die nichts anderes ist als eine Widerspiegelung der grenzenlosen Kreativität des Universums.

Der Zen-Buddhismus, insbesondere die Zen-Künste, sind eine reiche Quelle von Lehren, die uns helfen können, unsere Kreativität zu verstehen und zu entwickeln.

Zen ist mittlerweile ein Teil unserer Alltagskultur geworden, doch die Zen-Künste konnten im Westen ihr Potenzial noch nicht voll entfalten. Es gibt nur wenige Bücher, die sich mit ihnen befassen, und viele davon sind im Handel nicht mehr erhältlich. Dabei verfügen die Zen-Künste über einen reichhaltigen Schatz an Techniken und Einsichten, die den kreativen Prozess befördern können. Außerdem verweisen sie auf eine Lebensweise, die einfach, spontan und dynamisch ist. Der tief greifende Einfluss, den die Zen-Künste auf viele Kulturen Asiens ausübten, ist unübersehbar, aber für den Westen wurden sie bislang noch nicht wirklich erschlossen.

Dieses Buch ist eine Einführung in die Zen-Künste und zugleich eine Einladung, sie zu erforschen, um Sie darin zu unterstützen, ein kreativeres Leben zu führen. Es ist kein Buch über Kunstgeschichte, Kunstbetrachtung oder Kunsttheorie. Es wird Ihnen nicht zeigen, wie Sie eine bessere Künstlerin werden oder Ihre Kunst verkaufen können. Ich hoffe aber, es wird Ihnen einen Sinn für die Ästhetik des Zen und die Kraft der Kreativität vermitteln, sodass sie sowohl Ihre Kunst als auch Ihr alltägliches Leben verändern werden.

Die Geschichte des Buddhismus geht auf seinen ursprünglichen Lehrer Shakyamuni Buddha zurück, der vor 2 500 Jahren in Indien lebte. Der Buddha erkannte in seiner Erleuchtung, dass jedes einzelne Wesen sowie die große Erde in sich selbst vollkommen und vollständig sind und dass es ihnen an nichts fehlt. Er machte deutlich, dass unsere Vorstellung von einem abgetrennten, begrenzten Selbst eine schmerzhafte Täuschung darstellt – das Selbst ist leer von ihm innewohnenden Charakteristika. Alle buddhistischen Lehren sind geschickte Mittel, um Menschen darin zu unterstützen, diese Wahrheit für sich zu entdecken.

Als der Buddhismus im 1. Jahrhundert u. Z. aus Indien nach China kam, traf er auf den Konfuzianismus und den Daoismus, die ursprünglichen Religionen des Landes. Zwischen dem 2. und 6. Jahrhundert gelangte die umfassende und differenzierte Metaphysik des indischen Buddhismus in direkten Kontakt mit dem erdverbundenen Pragmatismus der chinesischen Kultur. Der indische Buddhismus – mit seinen überbordend langen Listen von Meditationszuständen, komplizierten Praktiken und einem Pantheon von Gottheiten, Dämonen und anderen himmlischen Wesen – geriet unter den Einfluss der daoistischen Betonung der Einfachheit und der tiefen Wertschätzung von Natur und Kunst. Diese Charakterzüge milderten die philosophischen Neigungen des indischen Buddhismus ab. Und so entstand eine sehr direkte und pragmatische Form des Buddhismus: Zen.

Im 6. Jahrhundert formulierte Bodhidharma, der als erster Ahne der Zen-Linie gilt, vier Punkte, die Zen definieren sollten:

Eine besondere Übertragung außerhalb der Schriften,
unabhängig von Worten und Buchstaben.
Ein direktes Zeigen des menschlichen Geistes
und der Verwirklichung der Erleuchtung.

Im Zen geht es um die Erfahrung der Erleuchtung des Buddha, nicht um Worte und Ideen, die sie beschreiben. Uns wird keine dauerhafte Kraft verliehen, wenn wir Erleuchtung intellektuell verstehen oder an sie glauben. Wenn wir sie jedoch verwirklichen – in uns selbst Wirklichkeit werden lassen – verwandelt sie unser Leben. Die Zen-Lehren zeigen immer direkt auf die uns eigene Vollkommenheit, und die Zen-Künste sind eine Form dieses direkten Zeigens.

In seiner frühen Geschichte wurde Zen von den hoch entwickelten Techniken der chinesischen Dichtkunst, Malerei und Kalligrafie beeinflusst. *Das Dao der Malerei*, ein um 500 u. Z. entstandenes Werk, bildet den klassischen Kanon der Malerei als spiritueller Weg. Mit dem »Handeln des Nicht-Handelns« (*wu-wei*) wird darin ein zentraler Aspekt des kreativen Prozesses vorgestellt. Damit ist ein ruhiger Geist gemeint, der es dem Werk gestattet, sich selbst auszudrücken.

Daoistische Lehrer drückten ihre spirituellen Einsichten immer wieder in Bildern und Versen aus, und die Zen-Mönche, die Bodhidharma folgten, nahmen diese Tradition auf. Die daoistische Haltung zur Kunst war einzigartig. Sie beruhte auf der zentralen Bedeutung einer vertrauten Beziehung zwischen Lehrer und Schüler. So erwähnt *Das Dao der Malerei* zahlreiche Künstler, die von Meistern lernten, die Energie oder das *chi* (Jap. *ki*), das in einem Berg, einer Bambuspflanze oder einer Pflaumenblüte ruht, zu entdecken und auszudrücken. Zen lehnte sich an diese Lehren an und entwickelte eigene Stile der Malerei, Kalligrafie und Dichtkunst. Frühe chinesische Zen-Meister schrieben ihre religiösen Einsichten im Stile Laozis, Zhuangzis und anderer früher daoistischer Heiliger nieder.

In den Zen-Künsten erreichten Malerei und Dichtung in der Zeit der Sung-Dynastie (960–1279) den Höhepunkt ihrer Entwicklung. Damals bildete sich ein neues Phänomen heraus: Maler- und Dichter-Priester, die in ihren Werken mit allen Formen der religiösen und säkularen Kunst brachen. Ihre Kunst war weder repräsentativ noch ikonografisch. Sie versuchte nicht, den Glauben zu stärken oder Liturgie und Kontemplation zu untermalen. Ihre Funktion bestand auch nicht darin, die religiöse Erfahrung der Praktizierenden zu vertiefen, und sie war kein Teil der religiösen Zeremonien. Ihr einziger Zweck lag darin, die Natur der Wirklichkeit aufzuzeigen. Sie veranschaulichte eine neue Art des Sehens, aber auch eine neue Art des Seins, die an den Kern dessen erinnerte, was es heißt, ein Mensch und ganz und gar lebendig zu sein. Als sakrale Kunst berührte die Zen-Kunst die Künstler und ihr Publikum tief, indem sie das Unsagbare zum Ausdruck brachte und den Einzelnen darin unterstützte, die Art und Weise, wie er sich selbst in der Welt betrachtet, grundlegend zu verwandeln.

Zen-Meister fingen damit an, die Kunst als eine Möglichkeit zu begreifen, Mönchen, Nonnen und Laien im *buddhadharma*, der buddhistischen Lehre, zu unterweisen. Klöster wurden zu Anziehungspunkten für säkulare Künstler, die daran interessiert waren, die Beziehung zwischen den tiefsten spirituellen Sehnsüchten und der Kreativität zu klären.

Als das chinesische Zen im 13. Jahrhundert nach Japan kam, folgten ihm die Künste und wurden rasch in die allgemeine Kultur integriert. Bereits in der Heian-Zeit (794–1185) war der Boden dafür von Hofdamen geebnet worden, die ein künstlerisches Erbe schufen, das später die Grundlage der Zen-Ästhetik bilden sollte.

Diese brillanten Künstlerinnen verfassten spontane Lyrik, eine poetische Form, die sich im Laufe der Zeit zum *haiku* entwickelte, jenem prägnanten Dreizeiler, der schließlich mit Zen identifiziert wurde. In der Lyrik der Hofdamen zeigten sich bereits viele Charakteristika, die die daoistisch geprägte Zen-Kunst in Chinas Goldenem Zeitalter ausgezeichnet hatte – eine tiefe Wertschätzung der Natur und ein schmerzliches Bewusstsein von der Flüchtigkeit des Lebens. Doch die Hofdamen vervollkommneten diese daoistischen Einflüsse und verliehen ihren Werken damit eine speziell japanische Note.

Die japanische Kunst dieser Epoche brachte *wabi*, *sabi*, *aware* und *yugen* hervor – Begriffe, die zu Synonymen der Zen-Ästhetik geworden sind. Wabi ist ein Empfinden der Einsamkeit und Zurückgezogenheit. Sabi markiert die Soheit alltäglicher Gegenstände, die grundsätzliche, unzweifelhafte Einzigartigkeit der Dinge in und aus sich selbst heraus. Aware ist das Empfinden der Nostalgie, der Sehnsucht nach der Vergangenheit. Yugen bezeichnet das Mysteriöse, Verborgene, Unbeschreibbare, die sich entziehenden Dimensionen der Wirklichkeit.

Zwischen 1200 und 1350, als die japanische Hauptstadt, das Zentrum kultureller Aktivitäten, von Nara nach Kamakura verlegt wurde, erblühte die Zen-Ästhetik zu dem, was wir heute als traditionelle Zen-Künste bezeichnen. Wie schon in China, erwarben sich japanische Künstler-Priester einen Ruf für ihren innovativen Stil und dafür, wie sie in den Bildern und Gedichten ihre religiösen Einsichten ausdrückten.

Auch wenn sie keine ausgebildeten Künstler waren, galten viele Äbte und Mönche, die zu den Orden der großen Klöster gehörten, als angesehene Kalligrafen, Dichter, Maler und Musiker. Kunst-Praxis war mit der Zen-Schulung eng verwoben. Zen-Kunst, Kreativität und erwachte Spiritualität wurden als untrennbar betrachtet, und es bildete sich eine Zen-Ästhetik heraus, in der ewige Wahrheiten über die Natur der Wirklichkeit und unseren Platz in diesem Universum zum Ausdruck gebracht wurden.

Als Werkzeuge des Lehrens der Zen-Meister wurden diese Künste – Teezeremonie, Bambusflötenspiel, Gartenkunst, Noh-Theater, Keramik und Bogenschießen – als die »kunstlosen Künste des Zen« bekannt. Sie transzendierten das rein handwerkliche Geschick und stellten in erster Linie Mittel dar, um spirituelle Einsichten zu kommunizieren. Malerei und Kalligrafie waren visuelle Unterweisungen. Mit Gedichten wurden »lebendige Worte« erschaffen, um die grundlegende Wortlosigkeit des Zen auszudrücken.

Der interessanteste Aspekt der Zen-Künste, auf den bereits D. T. Suzuki aufmerksam gemacht hat, besteht darin, dass sie nicht nur ein Kunstwerk sein wollen, sondern eine Methode, die den kreativen Prozess anregt. Sie stellen Mittel zur Verfügung, um den Geist zu schulen und unser Leben zu leben.

Die Endung »do« in *chado*, dem Teeweg, *shodo*, dem Weg des Pinsels, *kado*, dem Weg der Blumen und *kyudo*, dem Weg des Bogens, bedeutet »Weg«. Diese Künste werden so bezeichnet, weil sie Disziplinen oder Pfade sind, auf denen der Künstler oder die Künstlerin das Verständnis der eigenen Existenz und der Natur der Wirklichkeit klären kann.

Da die Lehren der kunstlosen Künste von Generation zu Generation, von Geist zu Geist direkt übertragen wurden, spielt der Lehrer oder die Lehrerin eine zentrale Rolle. Bevor die Unterweisung überhaupt beginnen kann, muss ein Band zwischen Lehrer und Schüler geknüpft werden. Der Lehrer braucht die Einwilligung des Schülers, lehren zu dürfen, und der Schüler muss bereit sein, die Lehren anzunehmen.

Im Westen lernen wir vor allem durch Erklärungen und spezielle Instruktionen. Im Zen und seinen Künsten wird ein Raum geschaffen, in dem der Prozess des Entdeckens sich entfalten kann. Hauptsächlich wird durch den Körper gelehrt. Der Lehrer, die Lehrerin wird zu einer greifbaren Manifestation der Lehre. Schülerinnen und Schüler müssen ihre Aufmerksamkeit auf den Moment richten und versuchen, das Beispiel zu verkörpern.

Eine Kalligrafie-Lehrerin verneigt sich vor ihren Schülern, breitet einen Bogen Papier aus und mischt mit Bedacht Tusche, *sumi-e*, an, indem sie einen Tuschestein in einem kleinen, mit Wasser gefüllten Gefäß abreibt, bis die Tusche die richtige Konsistenz hat. Dieser Vorgang ist für alle Anwesenden eine Meditation. Darin herrschen Konzentration und Stille. Dann feuchtet die Lehrerin den Pinsel in der Tusche an und verharrt einen Moment über dem leeren Bogen. Mit einer einzigen Bewegung, in einem einzigen Atemzug bewegt sich der Pinsel über das Papier und die Kalligrafie wird ausgeführt. Danach reinigt die Lehrerin den Pinsel, verweilt aber weiterhin in ihrer meditativen Versenkung und widmet sich aufmerksam jedem Detail. Schließlich verneigt sie sich wieder vor den Schülern. Dann fangen die Schüler mit ihren Arbeiten an. Die Lehrerin geht zwischen ihnen umher, verfolgt ihre Fortschritte und positioniert manchmal einen Arm oder den Winkel des Pinsels neu. Der gesamte Prozess findet im Grunde genommen ohne verbale Instruktionen statt.

Da dieser Zugang in einem Buch nicht vermittelt werden kann, möchte ich hier Mittel vorstellen, die als Alternative zu einem Lehrer fungieren können. Wenn Sie diese mit einiger Ausdauer anwenden, werden Sie in den kreativen Prozess eingeführt und zu neuen Einsichten gelangen.

Das Zen der Kreativität besteht zwar aus vier Teilen, aber die Beziehungen und Lehren, die sich darin finden, verlaufen nicht linear. Die einzelnen Teile überlappen sich und greifen bestimmte Themen immer wieder auf. In Teil eins berichte ich von meiner eigenen Reise in die Zen-Praxis. Mir war es unmöglich, Zen durch das Hauptportal eines Klosters zu betreten. Ich konnte in das religiöse Leben jedoch durch den Hintereingang der Kunst eintreten und immer mehr darauf vertrauen, dass mein eigenes Leben mich leiten würde. Auf dieser Reise schien sich der Pfad immer wieder im Kreise zu drehen, doch jetzt kann ich sehen, dass es der direkteste Weg war, dem ich folgen konnte.

Teil zwei beruht auf Workshops über »Zen und den kreativen Prozess«, die ich seit den 1970er Jahren leite. Darin stelle ich Übungen und Methoden vor, die zu einer neuen Weise des Sehens und der künstlerischen Produktion anregen. In diesem Teil geht es nicht darum, diese Praktiken zu verstehen, sondern sie zu *tun* – immer und immer wieder.

Erst gebe ich eine Einführung in *zazen* oder Zen-Meditation. Sie bildet die Grundlage des Zen und seiner Künste. Zen beruht auf Erfahrung, und es ist sehr schwierig, Zen-Künste zu praktizieren und Zen zu würdigen, ohne Zazen zu üben. Dann werden Sie etwas über kreative Wahrnehmung lernen – eine direkte, unkonditionierte Form des Sehens mit dem ganzen Körper und Geist. Im Zen entsteht aus dieser unverstellten Art des Sehens der kreative Prozess, dem Sie sich dann zuwenden können. Sie werden lernen, mit einer »Gruppe für kreatives Feedback« zu arbeiten, einer Form der Kunstbetrachtung, die nicht auf Kritik beruht, sondern auf Erfahrung und Intuition. Teil zwei schließt mit einer Einführung in *koans*, jene scheinbar paradoxen Fragen, die einen Teil der traditionellen Zen-Schulung ausmachen. Koans sind wirksame Mittel, die uns darin unterstützen, Schranken zu durchbrechen, die unsere Kunst und unser Leben behindern.

Teil drei beschreibt, wie sich die einzigartige Ästhetik des Zen in den traditionellen Zen-Künsten ausdrückt. Es ist eine Ästhetik, die aufzeigt, wie wir ein freies und großzügiges Leben führen können. In diesem Kapitel wird die Wertschätzung jener Qualitäten vertieft, die sich im Zen und seinen Künsten ausdrücken – Schlichtheit, Rätselhaftigkeit, Spontaneität und Soheit. Dieser Teil beschreibt neue Übungen, die die Lehren des zweiten Teils erweitern und vertiefen.

In Teil vier kehren wir in einem großen Kreis an den Anfang zurück. Die Reise – die kreative sowie die spirituelle – ist nie zu Ende. Mit jedem Schritt, mit jedem Atemzug beginnt sie erneut. Das ist das unbegreifliche Herz des Zen. Man kann es zeigen, aber nicht ergreifen. Man kann es praktizieren, aber nicht festhalten. Es geht dabei um die Auflösung scheinbarer Paradoxa und Widersprüche. Es geht darum, wie der kreative Prozess die Vollkommenheit, die es in uns gibt, zum Ausdruck bringt und das Universum ein Stück größer werden lässt, indem er das Unsichtbare sichtbar macht.

Dieses Buch betont den kreativen Prozess – nicht technische Fertigkeiten. Der kreative Prozess ist für jedes Individuum einzigartig. Er ist für Sie einzigartig. Wenn Sie dieses Buch lesen und sich den verschiedenen Praktiken widmen, die darin vorgestellt werden, werden Sie Ihren eigenen Weg entdecken, auf dem Sie sich ausdrücken können.

Dieser Prozess des Entdeckens ist der endlose Frühling der Kreativität – immer hell, frisch und neu, voll des sprühenden Lebens. Es ist nicht so wichtig, woher Kreativität kommt. Wichtig ist, dass sie bereits in jedem Einzelnen von uns vorhanden ist und nur darauf wartet, ausgedrückt zu werden. Letztendlich geht es in den kunstlosen Künsten darum, einen Blick in das eigene Herz, den eigenen Geist zu werfen und das, was erkannt wird, zum Leben zu erwecken.

Teil I

Der verschlungene Pfad

Wie geht man geradeaus
auf einem schmalen Bergpfad,
der dreiundneunzig Biegungen hat?

Ein altes Zen-Koan

Eins

Schneeschmelze

Der Weg, der zum Himmel führt,
ist der Himmel selbst.

Im Herbst 1980, nachdem ich meine Zen-Schulung mit meinem Lehrer Maezumi Roshi in Los Angeles abgeschlossen hatte, ging ich an die Ostküste. Ich hatte die Absicht, ein Zentrum für Zen-Künste zu gründen – einen Ort, an dem die Kreativität auf der Basis der Zen-Schulung betrachtet, gestärkt und entwickelt werden könnte.

Im Oktober 1980 wurde das Zen Arts Center auf dem Mount Tremper eröffnet. Dort widmete man sich vor allem der Kunst im Rahmen der Zen-Praxis.

Schon in jungen Jahren war die Kunst für mich eine Leidenschaft, aber ihre tiefe Verbindung mit meiner spirituellen Reise wurde mir erst viel später bewusst. Als ich zehn war, begann ich zu fotografieren, und mit Mitte dreißig war die Fotografie zu einem wichtigen Teil meines Lebens geworden. Während ich damals als Wissenschaftler in der Forschung arbeitete, begann ich, nebenbei an einem nahe gelegenen College Fotografie zu unterrichten. Spiritualität spielte in dieser Zeit noch keine Rolle – zumindest war sie mir nicht bewusst. Das erste Mal begegneten sich diese beiden Welten in den späten 1960er Jahren, als ich von New York nach Boston fuhr, um eine Fotoausstellung mit dem Titel »Der Klang der einen Hand« von Minor White zu besuchen.

Ich hatte noch keine Vorstellung davon, dass Kunst ein Weg der ernsthaften, transformierenden spirituellen Praxis sein kann, doch was mich an Minors Arbeiten anzog, war mehr als ihre technische Qualität. Minor war ein »direkter Fotograf«: Er bearbeitete seine Abzüge während des Entwicklungsprozesses nicht, und doch transzendierten die Aufnahmen ihren Gegenstand. Wenn ich seine Fotografien betrachtete, fühlte ich, wie ein anderer Bereich meines Bewusstseins angesprochen wurde. Minors Arbeiten zeigten eine dynamische Art des Sehens auf, eine neue Möglichkeit der Wahrnehmung.

Mein Leben war das Gedicht, das ich geschrieben hätte,
aber ich konnte es nicht zugleich leben und aussprechen.

HENRY DAVID THOREAU

Es war 1971, als ich eines Tages einen Brief von der Zeitschrift *Aperture* erhielt mit der Ankündigung eines Workshops, den Minor an der Hotchkiss School in Lakesville, Connecticut, geben würde. Ich warf zuerst einen Blick auf die Kursgebühr – und den Brief daraufhin in den Müll. Eine Freundin sah das und zog ihn wieder heraus.

»Ist das nicht der Mann, von dem du immer sprichst?«, fragte sie. Ich nickte. »Wieso wirfst du den Brief dann fort?«

»Ich hab das Geld nicht.«

»Melde dich an, John«, sagte sie, »etwas wird geschehen.«

Wie durch ein Wunder passierte genau das. Einen Monat später erhielt ich eine Steuerrückzahlung, an die ich überhaupt nicht mehr gedacht hatte. Ich schickte meine Mappe ein, zusammen mit Informationen über den Ort und den Zeitpunkt meiner Geburt, sodass eine Astrologin bestimmen konnte, ob es für mich eine günstige Zeit sei, an dem Workshop teilzunehmen. Ich erhielt schließlich ein Schreiben, dass ich angenommen sei, und eine Leseliste für den Kurs. Sie bestand aus drei Büchern: Carlos Castanedas *Eine andere Wirklichkeit*, Eugen Herrigels *Zen in der Kunst des Bogenschießens* und Richard Boleslavskys *acting: Die ersten sechs Schritte*. Nichts über Fotografie. Was hatten mein Horoskop oder diese Bücher mit Fotografie zu tun? Damals bestritt ich meinen Lebensunterhalt als Chemiker, und mein rationales, äußerst kritisches Denken war diesen Dingen gegenüber nicht sonderlich offen. Aber da ich wirklich von Minor lernen wollte, nahm ich es hin.

Als ich an der Hotchkiss School eintraf, stellte ich fest, dass es 60 Teilnehmer gab, die zwischen 18 und 70 Jahre alt waren. Minor begrüßte uns gleich bei der Ankunft. Er war eine imposante Erscheinung, weit über ein Meter achtzig groß, mit einer weißen Löwenmähne. Er bewegte sich bedächtig, elegant, und wenn er den Raum betrat, füllte er ihn vollkommen aus.

Das ozeanische Gefühl der Verwunderung
ist die gemeinsame Quelle von religiösem Mystizismus,
reiner Wissenschaft und der Kunst
um der Kunst willen.

ARTHUR KOESTLER

Der erste Tag des Workshops begann morgens um vier. Ohne Vorwarnung traf mich der Klang einer tiefen Trommel, die in den Gängen geschlagen wurde. Draußen war es stockfinster. »Wie sollen wir in dieser Dunkelheit fotografieren?«, fragte ich mich. Verschlafen zog ich mich an und folgte den anderen nach draußen. Wir versammelten uns auf einer Wiese, wo uns ein Tänzer zu verschiedenen Übungen anleitete. Alle machten mit, auch Minor.

Ich sprach den Mann neben mir an: »Warum machen wir das? Was hat das mit Fotografie zu tun?« »Pssst! Mach's einfach«, entgegnete er.

Ich hatte hunderte von Dollars bezahlt, um bei Minor etwas über Fotografie zu lernen, und ich war nicht bereit, diese Woche damit zu verbringen, mich in der Dunkelheit hin und her zu wiegen! Wutentbrannt stürmte ich davon.

Als ich wieder auf meinem Zimmer war, fing ich an, meine Sachen zu packen. Die Sonne ging auf, und als ich am Fenster vorbeiging, fiel mir die Gruppe von Tänzerinnen und Tänzern ins Auge. Sie waren über die gesamte Fläche der Wiese verstreut. Ich nahm die Kamera, schraubte ein Teleobjektiv auf und begann, auf den Auslöser zu drücken. Plötzlich fühlte ich mich gut. »Die sollen doch machen, was sie wollen, aber ich werde fotografieren!« Dieser Gedanke beschreibt klar und deutlich, wo ich mich damals in meinem Leben befand: Ich stand abseits und betrachtete die Welt durch eine Linse, wie ein Voyeur.

Nach diesem ersten morgendlichen Treffen kamen einige der Kursteilnehmer, angeführt von unserem Tanzlehrer, auf mein Zimmer, um mich zum Bleiben zu bewegen. »Du gibst der Sache keine Chance«, sagten sie, »du drückst dich.« Ich hätte mich verteidigen können, aber es rührte mich, dass es sie überhaupt interessierte, ob ich ging oder blieb. Außerdem spürte ich tief in meinem Inneren, dass ich nicht einfach gehen konnte. Ich wünschte mir so sehr, wie Minor sehen zu lernen und meine Themen so zu fotografieren, dass sie nicht leblos und zweidimensional wirkten.

Die nächsten Tage vergingen; ich wachte im Morgengrauen auf, meditierte und tanzte mit den anderen. Wir besuchten Vorträge und machten verschiedene Übungen. Während der ersten ein, zwei Tage rührten wir unsere Kameras überhaupt nicht an. Dann fing Minor an, uns mit Fragen herauszufordern, die sich damit befassten, wie wir uns selbst und das Universum sahen, Fragen, die wir visuell klären sollten.

Eine dieser Aufgaben stellte für mich einen Wendepunkt dar. Am vierten Tag des Workshops forderte Minor uns auf, den Kern unseres Wesens zu fotografieren. »Bildet nicht eure Persönlichkeit ab«, erklärte er, »versucht, tief in den Kern eures Seins vorzudringen. Fotografiert, wer ihr wirklich seid.«

Wer bin ich wirklich? Diese Frage ließ mich nicht mehr los, während ich draußen herumlief und mich auf der Wiese unter eine stattliche Eiche setzte. Plötzlich begann ich zu schluchzen. Ich konnte nicht aufhören, aber ich wusste auch nicht, warum. Das wiederum schien mir urkomisch zu sein, und ich fing an zu lachen. Ich lachte so lange, bis ich erschöpft war. *Wer bin ich?* Die Frage kreiste mir immer wieder durch den Kopf.

Zurück auf meinem Zimmer, nahm ich meine 4 x 5-Kamera, packte einen kleinen Rucksack und bereitete mich darauf vor, die Nacht im Freien zu verbringen, um diese Frage zu klären. Ich machte mich auf den Weg in den nahe gelegenen Wald und ließ mich umhertreiben. Minors Unterweisungen klangen mir im Ohr:

»Geht frei von Erwartungen in die Landschaft. Überlasst es eurem Gegenstand, euch zu finden. Wenn ihr ihm begegnet, werdet ihr eine Resonanz spüren, ein Gefühl des Wiedererkennens. Falls diese Resonanz schwächer wird, wenn ihr euch zurückzieht, oder zunimmt, sobald ihr euch nähert, wisst ihr, dass ihr euren Gegenstand gefunden habt. Setzt euch vor euren Gegenstand und wartet, bis eure Präsenz registriert wird. Versucht nicht, ein Foto zu machen, sondern überlasst es eurer Intuition, wann der richtige Zeitpunkt gekommen ist, um auf den Auslöser zu drücken. Wenn ihr ein Gefühl der Vollendung habt, nachdem der Film belichtet wurde, solltet ihr euch verneigen und den Gegenstand und eure Verbindung mit ihm loslassen. Andernfalls fotografiert weiter, bis der Prozess abgeschlossen ist.«

Der Geist des Fotografen, der etwas erschafft,
ist leer. … doch dieser Geist ist äußerst aktiv,
eine empfangende Geisteshaltung,
bereit, jeden Moment ein Bild aufzunehmen,
ohne jedoch vorgeformte Bilder
in sich zu tragen.

MINOR WHITE

Minors Sprache war mir fremd. Ich konnte nicht begreifen, wie diese Resonanz sich anfühlen sollte, oder wie ich erkennen würde, wann mein Gegenstand meine Präsenz registriert. Ich wusste nicht, ob ich ein Gefühl der Vollendung empfinden würde, oder was ich tun sollte, um »loszulassen«. Zu meiner eigenen Überraschung war ich jedoch bereit, Minor und dem Prozess zu vertrauen. Ich spürte, dass ich in der Lage war, das zu tun, wozu er uns aufforderte. Wichtiger noch, ich begriff, dass ich es tun *musste*, um die Frage zu beantworten.

Gegen Mittag kam ich in eine malerische Schlucht und entschloss mich, dort zu rasten. Ich entzündete ein kleines Feuer, lehnte mich gegen einen Felsen und aß von meinem Proviant, als ich die Präsenz eines Menschen spürte, der irgendwo in der Nähe war. Ich schaute auf und sah den eleganten Schattenriss eines Mannes, der am Rand der Schlucht stand und von hinten von der Sonne angestrahlt wurde. Er kletterte die Felsen hinunter auf mich zu, und ich erkannte John, einen Tänzer, der sich mit zeitgenössischem Tanz beschäftigte und zu Minors ältesten Schülern gehörte. John hatte mich von Anfang an beeindruckt. Oft fotografierte er, während er tanzte – mit einer Polaroid-Kamera in der Hand sprang und drehte er sich in der Luft. Wie Minors Arbeiten ließen auch Johns Fotografien mich erkennen, dass es noch andere Wege gab zu fotografieren, Wege des Sehens, die nicht so rational oder linear waren.

Ich lud John ein, mir Gesellschaft zu leisten und bot ihm einen Becher Tee an. Gleich als er sich gesetzt hatte, fing ich an, über alles und nichts zu schwafeln, doch mitten in meinem Wortschwall unterbrach er mich plötzlich und flüsterte: »Pst, pst!« Aus der Stille vernahm ich ein schwaches Murmeln. Neugierig packte ich meine Kamera und folgte den Geräuschen. John ließ ich zurück. Ich kam sehr schnell in einen dunklen, dichten Wald. Ein kleiner Bach rieselte zwischen moosbedeckten

Felsen dahin. Licht fiel durch die Bäume, und leuchtende Spiegelungen tanzten in der Dunkelheit, die mich umgab, auf dem Wasser. Die Szenerie verzauberte mich. Ich blieb mehr als eine Stunde an diesem Bach und machte in einer überlegten, methodischen und fast meditativen Weise mehrere Aufnahmen.

Als ich in die Schlucht zurückkam, war John nicht mehr da. Es gab auch keinerlei Hinweise darauf, dass er je dort gewesen war. Der Becher lag sauber in meinem Rucksack. Am Boden gab es weder Krümel noch andere Spuren von ihm. Alles wirkte, als ob unsere Begegnung nie stattgefunden hätte – und in der Tat war ich mir auch nicht mehr sicher, ob sie das hatte.

Ich packte meine Sachen zusammen und setzte meinen Streifzug fort. Als die Sonne den Zenit durchlaufen hatte und ihren Abstieg am Himmel begann, wurde das Licht, das durch das Blätterdach des Waldes einfiel, weicher und wärmer. Keines der Fotos, das ich bisher gemacht hatte, schien den Wesenskern auszudrücken, auf den Minor mich aufmerksam gemacht hatte.

Wieder hörte ich Minors Stimme in meinem Kopf: »Fotografiert, wer ihr wirklich seid.« Meine Augen ruhten auf dem Boden; ich versuchte, mir mit der schweren Kamera auf der Schulter einen Weg durch das Wurzeldickicht zu bahnen. Als ich irgendwann aufblickte, sah ich wenige Meter rechts von mir einen Baum, der meine Aufmerksamkeit auf sich zog. Es war ein uralter Laubbaum mit einem knorrigen Stamm. Was mich näher treten ließ, war das Licht, das auf ihn fiel. Ich ging auf ihn zu, verneigte mich, stellte meine Kamera ab und setzte mich neben dem Stativ auf den Boden. Ich wartete darauf, dass meine Präsenz registriert werden würde. Ich saß so still und ruhig, wie ich konnte, und hielt den Auslöser in der Hand. Kurz fragte ich mich noch, wie ich überhaupt wissen würde, wann ich den Film belichten sollte. Das war das Letzte, woran ich mich erinnere.

Stunden später wurde mir bewusst, dass ich zitterte. Die Sonne hatte sich hinter die Berge zurückgezogen, und der Nachmittag war kalt geworden. Irgendwie hatte die Zeit stillgestanden. Ich erhob mich langsam, und mir wurde bewusst, dass etwas in mir sich verändert hatte. Die Frage, mit der ich während des Workshops gerungen hatte – und eigentlich mein Leben lang –, hatte sich aufgelöst. Ich war voller Energie und Freude. Mit der Welt war alles in Ordnung; mit mir war alles in Ordnung. Ich erinnerte mich noch nicht einmal daran, ob ich ein Foto von dem alten Baum gemacht hatte, aber in diesem Moment war das egal.

Ich ging zur Schule zurück. Dort hatte ich eine Verabredung mit Minor, um meine Arbeiten zu besprechen. Er saß auf der Veranda vor seinem Zimmer und erwartete mich. Als ich mich neben ihn setzte, schien mir die Liste meiner Fragen, die ich in der Woche zuvor vorbereitet hatte, plötzlich nicht mehr wichtig zu sein.

Er schaute mich an und sagte: »Du hast einen guten Tag gehabt, nicht wahr?« Ich lächelte, und er lächelte auch.

»Worüber möchtest du reden?«, fragte er.

»Um ehrlich zu sein«, erwiderte ich, »ich habe nichts zu sagen.«

»Gut«, sagte er, »dann lass uns einfach hier beieinander sitzen.«

In den Tagen, die folgten, vertiefte sich mein Respekt vor Minor und seinen Lehren. Etwas hatte sich in mir geöffnet, und die Techniken und Aktivitäten des Workshops fingen an, Sinn zu machen. Minor zeigte uns einen Weg, nicht einfach nur Bilder zu sehen, sondern weiter zu gehen. Er forderte uns auf, sie zu fühlen, zu riechen und zu schmecken. Er lehrte uns, Fotografie zu *sein*.

Bei meiner Abreise empfand ich tiefe Dankbarkeit für Minors Lehren und wusste nicht, wie ich mich dafür erkenntlich zeigen sollte. Als ich das Minor gegenüber erwähnte, entgegnete er einfach nur: »Du bist doch Lehrer, nicht wahr?« Ich nickte. »Nun, dann lehre.«

Eine Zeitlang tat ich das dann auch. Anfangs war ich sehr produktiv. Ich sah und fotografierte in einer neuen Weise, und in den Workshops, die ich überall im Land gab, drückte sich dieses tiefere Verständnis, das ich von mir als Fotograf gewonnen hatte, aus. Im Lauf der Monate ließen diese neue Art des Sehens und das Gefühl des Friedens, das sie begleitete, jedoch nach, und mein Empfinden der Ganzheit und des Wohlergehens schwand immer mehr.

Ich versuchte, mein Gleichgewicht wieder zu finden, indem ich das wiederholte, was wir in Minors Workshop gemacht hatten. Ich las Bücher über Religion, Spiritualität und Philosophie. Ich machte Kopfstände, aß vegetarische Mahlzeiten und meditierte. Ich lauschte der Musik, die Minor uns vorgespielt hatte. Immer wieder fragte ich mich: »Was war es, was die Welt so vollständig zum Verschwinden gebracht hatte, als ich vor diesem Baum saß? Warum hatte sich danach alles so richtig angefühlt? Wieso spürte ich diesen Frieden in mir? Und wieso war alles wieder so unklar geworden?«

Folge nicht der Richtung, die der Weg dir weist,
sondern gehe dorthin, wo es keinen Weg gibt,
und lasse einen Pfad zurück.

RALPH WALDO EMERSON

Danach betrat ich einen verschlungenen Pfad, um Antworten auf diese Fragen zu finden. Ich ahnte jedoch nicht, dass dieser Pfad mich in die mystische Tradition des Zen und zu einem neuen Verständnis der Kunst führen würde. Mein erster Schritt bestand darin, herauszufinden, ob Minor mir dabei helfen könnte, Licht in das zu bringen, was ich erlebte, und damit fing ich an. Leicht nervös rief ich ihn an. Ohne Zögern, ohne mich überhaupt nach meinem Grund zu fragen oder es sich zu überlegen, reagierte Minor. »Komm«, sagte er auf seine großzügige Art, »lass uns zusammen essen und reden.«

Minors großes einstöckiges Haus in Cambridge war peinlich sauber und nur spärlich möbliert. Innen waren Schlafräume und Werkstätten für Minors Gesellen abgeteilt. Außerdem gab es eine Dunkelkammer, die sich auf dem neuesten Stand der Technik befand, und für das Drucken und Rahmen archivierter Arbeiten ausgestattet war. Minor unterrichte Fotografie am Massachusetts Institute of Technology, aber auch in seinem Werkstatt-Programm, das an die traditionelle Weise erinnerte, in der Künstler und Kunsthandwerker von einem Meister gelernt hatten. Die Ausbildung war streng und experimentell zugleich, eine Erweiterung dessen, was ich in seinem Workshop kennen gelernt hatte.

Minor und ich setzten uns, aber es war mir unangenehm, meine Gefühle der Verlorenheit und Verwirrung zu erwähnen. Stattdessen redeten wir über Musik, Kunst, Philosophie und einige der Übungen, die wir im Workshop gemacht hatten. Mehrere Stunden vergingen, und allein, dass ich in seiner Gegenwart sein durfte, half mir, wieder die Offenheit zu spüren, die ich so schmerzhaft vermisst hatte. Später begriff ich, dass er mich noch einmal dafür bereit gemacht hatte, das zu sehen, was direkt vor mir lag. Er half mir, in einen Zustand des »Nicht-Wissens« zurückzukehren, in die Bereitschaft, dem zu vertrauen, was der nächste Moment bringen würde.

Als ich am späteren Abend wieder in der Eingangshalle meines Hotels stand, fiel mir ein Plakat über eine Konferenz zum »Visuellen Dharma« an der Harvard Divinity School auf, die von Chögyam Trungpa

Rinpoche, einem tibetisch-buddhistischen Lehrer, geleitet werden sollte. Das Plakat musste bereits dort gewesen sein, als ich früher am Tag durch die Halle gegangen war, aber ich war zu beschäftigt gewesen, um es zu bemerken.

Verschiedene religiöse Lehrer waren angekündigt, darunter ein Zen-Meister, der den »Weg des Tees« vorführen sollte. Ich fühlte intuitiv, dass ich an dieser Konferenz teilnehmen musste. Das war mein nächster Schritt, obwohl mir immer noch nicht klar war, wo es hingehen sollte.

Als die Konferenz am folgenden Samstagabend begann, lag eine Atmosphäre der Erwartung in der Luft. 300 Menschen füllten die Halle, unter ihnen viele Studentinnen und Studenten aus Harvards theologischer Fakultät sowie Schüler, Lehrerinnen und Lehrer der verschiedensten spirituellen Traditionen. Der Höhepunkt des Abends bestand für mich in der Teezeremonie, die von Eido Shimano durchgeführt wurde, der im Dai Bosatsu Zendo, einem Zen-Kloster im Staate New York lebte.

Während auf dem Podium die Teegeräte ausgebreitet wurden, spürte ich, wie in mir eine merkwürdige Spannung aufkam. Eido kam in seinen Roben herein. Mich beeindruckten seine präzisen Bewegungen, seine eindringliche und zugleich elegante Präsenz. Er ging langsam über das Podium, kniete auf einer Tatami-Matte nieder und gab einen kurzen Überblick über die Zen-Künste. Als Beispiel wählte er eine Zen-Kalligrafie, die hinter ihm hing, und ein kleines Blumengesteck. Dann führte er uns durch eine 15-minütige Meditation, die uns auf die Tee-Zeremonie vorbereiten sollte. Während der Meditation wurde mein Körper ganz ruhig. Ich fühlte mich entspannt und zugleich gefestigt wie ein Fels. Es war, als sei ich in eine tiefe Quelle hineingezogen worden und würde im selben Moment von einer weiten Offenheit gehalten.

Ich schaute konzentriert zu, während Eido eine Schale traditionellen grünen Pulvertees zubereitete. An der Oberfläche sah ich einfach, wie jemand Tee machte und ihn trank, aber ich spürte, dass der ganze Vorgang noch eine viel tiefere Bedeutung hatte. Eidos Bewegungen waren geschmeidig und ruhig. Er goss heißes Wasser über etwas Tee, den er mit einem Löffel in die Schale gegeben hatte. Diese Mixtur schlug er schaumig, verneigte sich, stellte die Schale auf seine Handfläche und drehte sie zwei Mal. Dann wandte er sich an das Publikum: »Diesen Tee trinke ich mit allen Wesen.« Er nahm zwei Schlucke und schlürfte den Rest hinunter. Danach reinigte er die Tee-Utensilien sorgfältig und legte sie wieder auf ein Tablett. Ein Assistent räumte alles ab, während Eido nach wie vor in einer Meditationshaltung saß. Dann nahm er Kommentare und Fragen entgegen.

»Ich habe versucht zu meditieren, aber im Grunde finde ich es langweilig«, sagte jemand.

»Langweilig?«, wiederholte Eido. »Langweilig? Was bedeutet das, ›langweilig‹?«

Einige riefen ihm Definitionen zu. »Oh, oh, oh«, sagte Eido und schlug sich auf die Oberschenkel. »Ich verstehe – *langweilig*!« Er begann zu lachen und lachte so aus vollem Herzen, dass er schließlich alle ansteckte. Die Fragestellerin lachte irgendwann auch. Innerhalb weniger Momente brüllte der ganze Saal vor Lachen. Dann, plötzlich, hörte Eido auf, faltete seine Hände im Schoß, senkte den Blick und wurde wieder ganz still. Nach einer Pause sagte er: »Die nächste Frage bitte.«

»Ich bin die meiste Zeit unruhig«, sagte ein junger Mann, »deshalb fällt es mir schwer zu sitzen. Was würden Sie vorschlagen?«

Eido nahm einen Wasserkrug in die Hand, der neben ihm stand. Er riss ihn mit einer abrupten Bewegung nach oben, die das Wasser zum Herausspritzen brachte. »Was soll ich tun?« Dann zerrte er ihn ruckartig nach rechts, und wieder verschüttete er Wasser. »Ich verstehe nicht, was passiert.« Dann nach links. »Ich kann mich nicht beruhigen.« Noch einmal nach rechts. Plötzlich hielt er den Krug hoch über seinen Kopf und rief mit tiefer Stimme: »ES IST ZEIT, DEN MUND ZU HALTEN UND ZU SITZEN!« Danach knallte er den Krug auf den Boden. Schließlich bäumte er sich auf, starrte den Wasserkrug an, zeigte mit dem Finger darauf, blickte ins Publikum und sagte: »Schaut, er bewegt sich nicht.« Wieder faltete er seine Hände, senkte den Blick und wurde ganz still.

Es hatte mich gepackt. Es gab etwas in dem, was Eido an diesem Tag repräsentierte – etwas, von dem ich intuitiv wusste, dass es mich viel zu lehren hatte. Ich hatte das Gefühl, diese Lehren seien der Grund dafür gewesen, dass ich Minor aufgesucht hatte. Sie standen hinter meinem Wunsch, den Hotchkiss-Workshop zu besuchen, und sie waren mit dem verbunden, was ich entdeckt hatte, als ich im Wald unter dem Baum saß. Zen passte ins Bild dieser Erfahrungen. Ich wusste zwar noch nicht wie, aber ich war mir sicher.

Sanfter Frühlingsregen –
seit wann
werde ich Mönch genannt?

SOEN NAKAGAWA

Nach den Fragen und Antworten zeigte Eido drei Dias des Dai Bosatsu Zendo und sprach über die Schulung dort. Die Aufnahmen waren erbärmlich: unterbelichtet, eintönig und schlecht gerahmt. Eine war überdies leicht unscharf. »Dieser Mann braucht einen Fotografen«, sagte ich mir. Ich hätte auch sagen können: »Ich brauche einen Lehrer.« Ich war jedoch noch nicht so weit, mir das einzugestehen. Stattdessen sagte ich mir, dass *ich ihm* helfen würde.

Im Anschluss an Eidos Präsentation drängte ich mich durch die Menge, die sich um ihn auf der Bühne versammelt hatte. Ich zog ihn am Ärmel und fragte nach der Telefonnummer des Klosters. Nachdem ich sie mir aufgeschrieben hatte, wusste ich mit absoluter Sicherheit, dass der Weg sich vor mir geöffnet hatte.

Der Dai Bosatsu Zendo – wörtlich: »Meditationshalle des großen Bodhisattva« – lag drei Stunden Autofahrt von dem Ort, wo ich damals lebte. Nachdem ich den Highway verlassen hatte, folgte ich Landstraßen, die immer schmaler wurden. Nach der Einfahrt zum Kloster fuhr ich auf einer sehr steilen, unbefestigten Straße durch einen wunderschönen Wald zum Beecher Lake – er war nach der Familie der Autorin Harriet Beecher Stowe benannt, der das Gelände gehört hatte. Am Seeufer stand ein windschiefes Haus aus dem 19. Jahrhundert. Weiter oben am Hang wurde gerade ein neues Klostergebäude im japanischen Stil errichtet.

Ich parkte und ging die Einfahrt entlang, um den Mönchsvorsteher zu treffen, der wusste, dass ich kam. Er beschrieb mir kurz die Geografie des Geländes und lud mich ein, so lange zu fotografieren, wie ich es für notwendig hielt. An diesem Tag lief ich durch den Wald, folgte Bachläufen und umrundete den See.

Bei Sonnenuntergang kehrte ich zum Büro zurück und fragte den Mönchsvorsteher, ob ich am nächsten Tag wiederkommen könne. Ich erklärte ihm, dass meine Art zu fotografieren viel Zeit erfordere, mehrere Wochen, vielleicht Monate. Ich wollte einfach nicht wieder weggehen. Er sagte, dass ich gerne wiederkommen könne und lud mich zum Abendessen und dann zu einer Runde Zazen, Sitzmeditation, ein.

Damit begann ein Ritual, das mehrere Jahre andauern sollte. Jede Woche verbrachte ich drei, vier Tage im Kloster, anfangs als Fotograf, später als Mitglied der Laien-Sangha (Gemeinschaft der Praktizierenden).

Eines Abends erklärte einer der fortgeschrittenen Mönche, dass Soen Nakagawa Roshi, der Gründer von Dai Bosatsu, aus Japan eingetroffen sei. »Möchtest du ihn heute Abend in *dokusan* sehen?«, fragte er mich.

Mit der Zeit war mir die Sprache des Zen geläufig geworden und ich wusste, dass es sich bei Dokusan um ein Treffen unter vier Augen mit dem Abt oder *roshi* (»alter Lehrer«) handelte. Ich sagte zu.

An diesem Abend wurde die Dokusan-Gruppe aufgerufen, nachdem die Sitzperiode angefangen hatte. Als ich an der Reihe war, betrat ich den Dokusan-Raum, warf mich vor dem Altar nieder und machte einen Schritt vor die Matte, auf der, wie man mir gesagt hatte, Soen Roshi sitzen würde – doch die Matte war leer. Ich hatte keine Ahnung, was vor sich ging. Einen Moment lang dachte ich, dass ich im falschen Raum sei. Noch immer die Hände in *gassho* aneinander gelegt, schaute ich mich im dunklen Zimmer um. »Roshi? Roshi?«, rief ich mit leiser Stimme. Erst dann bemerkte ich, dass der Meister still in einer dunklen Ecke saß und mich beobachtete.

Ich ging zu ihm hin, verbeugte mich und kniete nieder. Sein Blick drang tief in mich ein, er schien mich ganz in sich aufzunehmen.

»Bitte lehrt mich«, sagte ich zu ihm.

»*Namu dai bosa*«, sagte er mit einer tiefen, vollen Stimme. »Verstehst du?«

»Ja.« Ich hatte diese Worte oft mit der Sangha rezitiert. »Eins sein mit dem großen Bodhisattva.« Ich nickte.

Noch einmal wiederholte Soen »Namu dai bosa« und sagte: »Jetzt du.«

Mit einer krächzenden, schwachen Stimme sagte ich: »Namu dai bosa.«

»Aus dem *hara*!«, forderte er mich auf und stieß mich mit einem langen Stock, dem *kyosaku* oder Erweckungs-Stab, den er in der Hand hielt, unterhalb des Nabels in den Bauch. »Von hier!« Ich wiederholte die Worte, diesmal mit etwas mehr Kraft und Resonanz. »Nochmal«, knurrte er. »Nochmal!« Schließlich ließ er von mir ab und trieb mich nicht weiter an. »Ah, gut so.« »Namu dai bosa«, fuhr er fort, »jeden Tag, den ganzen Tag. Namu dai bosa am Abend, Namu dai bosa am Morgen, Namu dai bosa beim Aufwachen, Namu dai bosa beim Schlafengehen. Ganzer Körper und Geist Namu dai bosa.« Noch während er dies sagte, griff er nach unten und läutete eine Glocke, die unsere Begegnung beendete.

»Namu dai bosa« grub sich in mein Bewusstsein ein. Ich befolgte Soens Unterweisungen, so gut ich konnte. Immer dann, wenn mein Geist sich nicht mit etwas beschäftigte, beschäftigte er sich mit »Namu dai bosa.« Ich rezitierte den Satz morgens, mittags und abends, wenn ich fotografierte, wenn ich unruhig oder abgelenkt war.

Eines Morgens hatte ich die Gelegenheit, Soen beim Kalligrafieren zuzuschauen. Soen, ein verschmitzter Mann von 65 Jahren, war kaum größer als ein Meter fünfzig und hatte einen rasierten Schädel. Er war immer in Roben gekleidet. Auf Portraitaufnahmen wirkt er ernst, ja sogar streng, doch in Wirklichkeit war Soen sehr verspielt und äußerst exzentrisch. Einen Moment lang dröhnte seine tiefe, raue Stimme dramatisch durch den Raum, doch schon im nächsten Augenblick entspannte sich sein runzliges Gesicht und zeigte das süßeste Lächeln.

Soen kam mit einem Tablett und einer Rolle Sumi-e-Papier herein. Er lächelte uns an und verneigte sich. Dann rollte er ein längliches Blatt Papier aus, beschwerte die Ecken mit kleinen Steinen, legte die Pinsel bereit und begann, Tusche herzustellen. Er gab etwas Wasser in das Tuschegefäß und fing schweigend und mit Bedacht an, den Tuschestein an der rauen Innenseite des Gefäßes abzureiben. Langsam wurde die Tusche dickflüssiger, bis sie schließlich eine Konsistenz hatte, mit der er zufrieden war. Er feuchtete einen Pinsel an, hielt ihn in einer Hand und saß regungslos über dem langen rechteckigen weißen Papierbogen. Mit einem einzigen leichten Schwung seines Pinselstrichs verlieh er der leeren Fläche eine dynamische Spannung. Mit dem zweiten, dritten und vierten Strich wurden Schriftzeichen vervollständigt. Jeder Strich ergänzte den vorhergegangenen und aktivierte die leere Fläche, die ihn umgab.

Da, wo der Geist nicht mit der Hand arbeitet, gibt es keine Kunst.

LEONARDO DA VINCI

Soen verdünnte die Tusche, indem er die Pinselspitze in Wasser tauchte, und fügte seiner Arbeit so hellgraue Schriftzeichen hinzu. Mit derselben grauen Tusche schrieb er seinen Namen in japanischer und lateinischer Schrift und drückte sein Siegel auf. Er verneigte sich vor der Zeichnung und dann vor uns. Wir erwiderten seine Verbeugung. Da verstand ich, dass der Pfad, dem ich gefolgt war, mich Schritt für Schritt bis zu diesem Moment geführt hatte, zu diesem Lehrer, zu dieser Verneigung.

Der Schnee aller Länder
Schmilzt zu
Namu dai bosa.
SOEN NAKAGAWA

Zwei

Berge und Flüsse

Eins der Geschenke, das ich durch Soen Roshi erhielt, bestand darin, dass ich ein Gefühl dafür entwickelte, wie die Zen-Künste in einer Person leben. Ich wollte wirklich verstehen, wie die Kunst auf das menschliche Herz wirkt, aber auch, wie die Zen-Künste in meine eigene Kunst und meine Arbeit als Lehrer übertragen werden könnten.

Soen war nicht nur Zen-Meister. Er war ein Künstler, Dichter, Maler, Noh-Schauspieler und die lebendige Verkörperung einer der wichtigsten Übertragungslinien der Zen-Künste, die bis in das 17. Jahrhundert zurückreicht. Soen war Abt des Tempels Ryutakuji, den Zen-Meister Hakuin, einer der bedeutendsten Vertreter der Zen-Künste, gegründet hatte. Hakuin wird als Erneuerer des Rinzai-Zen in Japan verehrt und gilt als einer der berühmtesten Meister in der Tradition des *zenga,* der Zen-Malerei.

Hakuin stand am Anfang einer langen Reihe von Zen-Meistern, von denen die Tradition des Zenga als ein visueller Weg des Lehrens über Generationen weitergegeben wurde. Es war mein großes Glück, dass ich unter allen Meistern, mit denen ich in meinen ersten Begegnungen mit Zen hätte zusammenkommen können, auf diesen Vertreter einer langen Tradition der ehrwürdigen Zen-Künste traf.

In der Zeit, in der ich mit Soen arbeitete, sah ich den lebendigen Geist Hakuins in den vielen Bildern, die die Wände des Dai Bosatsu schmückten. Hakuins kraftvolle Pinsel- und Kalligrafie-Arbeiten waren energiegeladen, aber zugleich strahlten sie eine tiefe Stille aus. Seine Kunst nahm sich vieler Themen an, die wir normalerweise nicht mit Religion in Verbindung bringen: Akrobaten und Tiere, Haushaltsgeräte und Kurtisanen. Hakuins Kalligrafien enthalten Zen-Lehren, Zitate aus den Schriften, aber auch widersinnige Reime und eine ganze Reihe von Witzen. Als Kommentar zu einer Passage aus dem *Herz-Sutra* – einem

Schlüsseltext des Mahayana-Buddhismus, der täglich in den Zen-Klöstern rezitiert wird –, in der es heißt: »Form ist Leerheit«, schrieb Hakuin: »Eine Schale leckere Suppe wird durch zwei Kötel Rattenscheiße ruiniert.« Hakuins Kunst war jedoch nie einfach nur albern oder einfältig. Selbst harmlose Sätze enthielten immer einen Stachel, eine bohrende Frage.

Manchmal war Hakuins Kalligrafie sehr direkt und kompromisslos. Auf einem seiner Werke steht in kühnen, markanten Pinselstrichen: »Eine einzige Pfeilspitze durchbricht die drei Schranken.« Damit wird eine unausgesprochene Frage mitten ins Herz der Betrachter abgeschossen: »Was ist der eine Pfeil, der alle Hindernisse durchdringt, einschließlich der Schranken von Gier, Hass und Unwissenheit?« Fast können wir Hakuins fordernde Stimme hören: »Sag's mir nicht! Zeig es!«

Nachdem ich etwas mehr Zeit in Dai Bosatsu verbracht hatte, wurde mir langsam deutlich, dass der Schlüssel zu der tiefen Qualität, die ich in der Zen-Kunst wahrnahm, in der Zen-Praxis lag und dass Zazen – Zen-Meditation – ihre Grundlage war.

Ich hatte gehört, dass Soen Roshi als junger Mann hoch oben in einem Baum Zazen praktiziert hatte, um sich vom Einschlafen abzuhalten. Einmal, als er im Dai Bosatsu-Kloster in Japan (nach dem das amerikanische Zentrum benannt ist) saß, soll er vom Baum gefallen sein und sich durch eine spitze Bambusstange den Kopf aufgeschlitzt haben. Dieser Vorfall hielt ihn jedoch nicht vom Sitzen ab.

Während einer intensiven Meditations-Klausur wurde ich Zeuge von Soen Roshis erstaunlicher Fähigkeit, lange Zeit vollkommen bewegungslos in Zazen zu sitzen. Ich sah, wir er einen ganzen Tag lang still saß, dann die Nacht hindurch und auch noch den folgenden Tag. Neugierig geworden stand ich mitten in der zweiten Nacht auf, um nachzuschauen, ob er sich nicht doch hingelegt hatte, aber er war immer noch da und saß im leeren Zendo. In seinem Buch *Am Fluss des neunköpfigen Drachen* beschreibt Peter Matthiessen, dass er manchmal, wenn er während der Arbeits-Praxis den Zendo reinigte, um Soen, der in Meditation saß, herum putzen musste.

Soens Leistungsfähigkeit war auf jeden Fall außergewöhnlich, aber die Kraft seiner Meditation war nicht nur auf den Zendo oder die Zazen-Haltung beschränkt. Soens Unbewegtheit im Sitzen unterschied sich nicht von der Stille, die seinen Pinselstrichen beim Kalligrafieren voranging. Jede seiner Bewegungen war ausgewogen, zentriert und vollständig präsent. Stille und Tiefe zeichnen auch seine Gedichte aus, die ihn in

den Augen vieler zum Basho des 20. Jahrhundert machten. Einer seiner Haikus lautet:

Früher Morgen,
Geburt –
winziger Tautropfen, winzige Pflaume.

Alle Künstler sind aus Notwendigkeit
bis zu einem gewissen Grad kontemplativ.

EVELYN UNDERHILL

Wenn Soen ein Gedicht schrieb oder kalligrafierte, konnte ich sehen, wie sein ganzes Wesen sich verwandelte. Er wurde sehr schweigsam, förmlich regungslos, und ich fühlte, wie die gleiche Stille mich erfüllte, während ich ihm zuschaute. Obwohl das, was ich sah, einfach nur ein chinesisches Schriftzeichen war, kam es mir jedes Mal so vor, als sei dieses Kunstwerk alles, was es zu sehen gab. Es füllte das Universum aus. Soen verschwand, ich verschwand. Es gab keine Trennung mehr zwischen der Kunst, dem Künstler und dem Publikum. Dieses Gefühl war mir bekannt: Ich hatte es bereits einmal unter dem Baum gespürt.

Während ich von Soen lernte, arbeitete ich immer noch an der Dia-Serie über das Kloster. Nachdem sie fertig geworden war, zeigte ich sie ihm und den anderen Mitgliedern der Gemeinschaft. Unter ihnen war Millie Johnson, eine reiche Kunstsammlerin, die in Kontakt mit verschiedenen buddhistischen Gruppen in den USA stand. Sie fand, ich solle mich mit Trungpa Rinpoche in Verbindung setzen und vorschlagen, an seiner neu gegründeten Universität, Naropa, in Boulder, Colorado Fotografie zu unterrichten.

Ich bekam den Job und reiste im Sommer nach Colorado, um einen Kurs zu geben. Eines Morgens, kurz nach meiner Ankunft, saß ich auf dem Balkon meiner Wohnung und sah, wie Mitarbeiter der Universität Möbel in die Nachbarwohnung trugen, aus der erst kürzlich ein Professor für Hinduismus ausgezogen war. Einer der Möbelpacker trug mehrere japanische Rollbilder.

»Was ist denn los?«, fragte ich ihn.

»Die Hindus sind draußen; die Japaner kommen«, sagte er.

»Wer zieht ein?«

»Taizan Maezumi«, antwortete er, »ein Zen-Meister aus Los Angeles.«

Nachdem Maezumi Roshi angekommen war, ging ich zu ihm, um ihn zu begrüßen. Ich stellte mich vor und erzählte, dass ich mit Soen studierte. Am selben Abend klopfte einer seiner älteren Mönche an meine Tür und sagte, Roshi lade mich zum Abendessen, zu Hühnchen von Kentucky Fried Chicken und Sake ein. Ich folgte ihm und fand mich plötzlich inmitten einer Party wieder, die in vollem Gange war. Aus irgendeinem Grund mochte Roshi mich und bestand darauf, dass ich den Abend über in seiner Nähe blieb. Als wir nebeneinander saßen, entspannte sich ein ungewöhnlicher Dialog.

»Daido«, sagte Maezumi Roshi und benutzte den buddhistischen Namen, den Eido mir gegeben hatte, »Daido, frag mich!« Er kam mir ganz nahe.

»Was soll ich Euch denn fragen, Roshi?«, erwiderte ich.

Roshi drehte den Kopf zur Seite und schwieg. Dann näherte er sich mir wieder und sagte: »Daido, sag's mir!«

»Was denn, Roshi?« Wieder drehte er sich weg und schwieg.

Das ging stundenlang so weiter. Irgendwann entschied ich, dass es sich bei dem, was da geschah, um eine klassische Dharma-Begegnung handelte, in der ich irgendeine Art von Zen-Antwort geben sollte. Deshalb führte ich das nächste Mal, als er »Daido, sag's mir!« einwarf, das Glas an die Lippen, nahm einen Schluck, rief laut »Ahhhhh!« und ließ das Glas zurück auf den Tisch knallen. Ich schaute ihn an. Er suchte nach meinen Augen, hielt sich schelmisch grinsend die Nase zu, drehte den Kopf zur Seite und sagte: »Puh!«

Irgendwann gegen 2 Uhr morgens konnte ich ihn schließlich davon überzeugen, dass es Zeit für mich war aufzubrechen. Ich begann, Ordnung in das Chaos zu bringen, das wir angerichtet hatten, aber er unterbrach mich und meinte, das sei nicht notwendig, und schob mich durch die Tür nach draußen. Es erstaunte und enttäuschte mich, dass ein Zen-Meister eine solche Unordnung zurückließ, aber ich war erschöpft, und so ging ich einfach in meine Wohnung und legte mich auf die Couch im Wohnzimmer, da ich meine Frau nicht wecken wollte. Ich war gerade am Einschlafen, als es klopfte. Es war Maezumi Roshi, der hellwach und tadellos in Roben gekleidet mit frisch rasiertem Kopf in meiner Tür stand. »Roshi!«, rief ich aus.

»Komm mit!«, zischte er. Es war ein Befehl.

Ich kehrte mit ihm in seine Wohnung zurück. Sie sah picobello aus. Auf dem niedrigen Tisch im Esszimmer standen vier Schalen und die

Utensilien für eine formale Teezeremonie. »Bitte«, sagte Roshi und forderte mich mit einer Geste auf, Platz zu nehmen, »wir trinken Tee.«

Er löffelte Pulvertee in eine Schale und schlug ihn schaumig. »Soen Roshi«, sagte er und stellte die Schale vor einen der leeren Sitze. Dann wiederholte er die Prozedur und stellte die Schale diesmal vor einen der anderen freien Plätze. »Yasutani Roshi«, sagte er – Maezumis eigener Lehrer, der erst kürzlich gestorben war. Die dritte Schale gab er mir, und schließlich bereitete er eine letzte Schale für sich selbst.

In dem Moment, als die Schale meine Lippen berührte und ich einen Schluck Tee nahm, spürte ich einen Stich, so intensiv, als hätte eine Lanze mitten durch Raum und Zeit gestochen. Sie spießte Minor White auf, Eido, Soen, Maezumi Roshi und schließlich mich selbst. Ich war tief bewegt; Tränen der Dankbarkeit standen mir in den Augen. Verlegen schaute ich auf und sah, dass Maezumi Roshi ebenfalls Tränen über die Wangen liefen.

Ich setzte meine Schale ab und beobachtete durch meine Tränen, wie Roshi die Zeremonie beendete. Irgendwie wollte ich meine Dankbarkeit ausdrücken und suchte stotternd nach den richtigen Worten: »Roshi, ich ...« Er legte mir die Hand auf den Mund, fasste mich am Arm und führte mich zur Tür. »Roshi ...«

»Pst«, sagte er. Sanft stieß er mich zur Tür hinaus und schloss sie hinter mir.

Während des restlichen Aufenthalts von Maezumi Roshi an der Naropa University hatten wir keinen weiteren Kontakt. Ich besuchte seine Vorträge, aber er verhielt sich so, als würde er mich nicht kennen. Am letzten Tag kam er kurz vor seiner Abreise, um sich von mir zu verabschieden. Ich verbeugte mich und dankte ihm. Er blickte an mir vorbei auf eine von Soen Roshis »Namu dai bosa«-Schriftrollen, die über einem improvisierten Altar hing, den ich aufgestellt hatte. Dann schaute er mich an und sagte, er wolle Soen Roshi ein Räucherstäbchen darbringen.

»Aber es ist nur eine Siebdruck-Kopie«, sagte ich.

»Egal«, erwiderte er mit einer schroffen, leicht verärgerten Stimme. Er brachte ein Räucherstäbchen dar, verneigte sich vor der Schriftrolle und danach vor mir. Dann ging er, und ich stand auf dem Balkon und schaute ihm nach, bis sein Wagen nicht mehr zu sehen war.

Am Ende des Sommers verließ ich Naropa und kehrte in ein Bauernhaus am Delaware River zurück, das ich mit meiner Frau und meinem zweijährigen Sohn bezogen hatte. Wir hatten keine genauen Zukunftspläne, und mit dem Herannahen des Winters begann meine Frau, sich

Sorgen zu machen. »Etwas wird schon auftauchen«, sagte ich ihr, »da bin ich mir ganz sicher. Vielleicht können wir morgen früh nach dem Zazen, wenn wir beide klarer und ruhiger sind, darüber sprechen und uns überlegen, was wir als Nächstes tun werden.« Ich fühlte mit absoluter Sicherheit, dass bald deutlich werden würde, wohin mein Weg ging.

Am Ende unseres Sitzens klingelte am nächsten Morgen das Telefon. Es war 7.15 Uhr.

»Hallo Daido, hier ist Maezumi Roshi.«

»Roshi! Wie spät ist es bei Euch?«

»Kurz nach vier Uhr. Ich gehe gleich zum Zazen.« Dann war er einen Moment lang still.

»Daido, wie ist deine Beziehung zu deinem Lehrer?«

Etwas überrascht sagte ich: »Ich glaube nicht, dass ich einen Lehrer habe. Ich habe mit Soen studiert, aber er ist nach Japan zurückgekehrt. Ich glaube also, dass ich keinen Lehrer habe. Wieso, Roshi?«

»Würdest du gerne nach Los Angeles kommen und hier studieren?«

»Ja, sehr gerne. Aber wir haben kein Geld, und außerdem habe ich eine Familie.«

»Einen Moment, Tetsugen wird mit dir sprechen.«

Er holte Tetsugen (Bernard Glassman Roshi), einen seiner erfahrensten Mönche, an den Apparat. »Wir zahlen euch die Reise«, sagte er, »und du kannst deine Familie mitbringen.«

Ich sprach mit meiner Frau, und kurze Zeit später packten wir unsere Sachen und machten uns auf den Weg an die Westküste. Wir waren mitten in einem Schneesturm aufgebrochen und kamen vor dem Dezember-Sesshin, der wichtigsten Meditations-Klausur des Jahres, die in vollkommenem Schweigen stattfindet, am Zen Center in Los Angeles an. Das war der formale Beginn meiner »hauptberuflichen« Zen-Ausbildung durch Maezumi Roshi, die schließlich dazu führte, dass ich Zen-Priester wurde.

Der Umzug nach Los Angeles und die umfassende Ausbildung durch einen Lehrer in einem Zentrum, in dem wir auch lebten, hatten einen vollständigen Wechsel des Lebensstils zur Folge. Die Tage waren angefüllt mit Meditationen am Morgen, mittags und abends, der Rezitation liturgischer Texte, dem Instandhalten der Grundstücke und Gebäude des Zentrums, rituellen Mahlzeiten und regelmäßigen Begegnungen mit meinem Lehrer – kurz gesagt, mit all dem, was eine klassische klösterliche Ausbildung ausmachte.

Damals stand das traditionelle Koan-Studium im Mittelpunkt meiner Schüler-Lehrer-Beziehung, eine Methode, die im Zen eine große Rolle

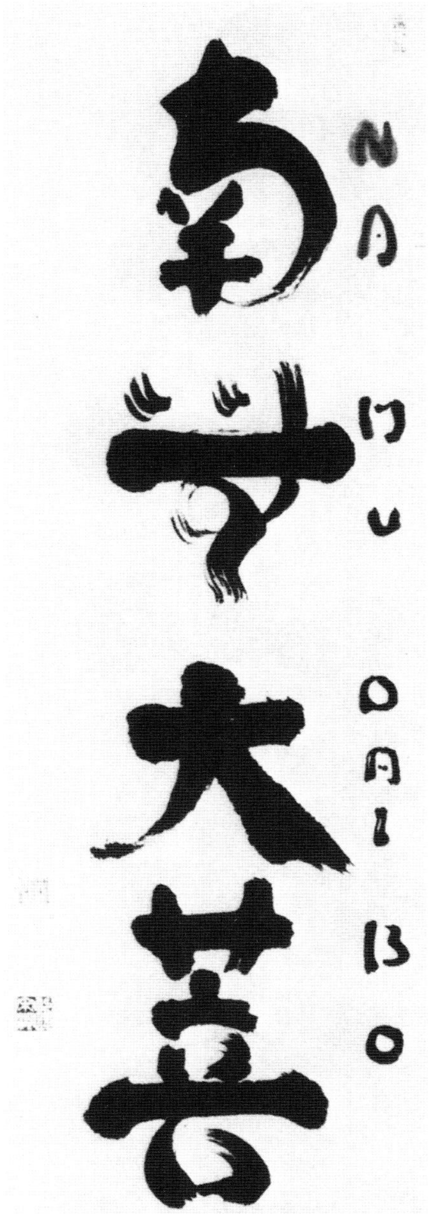
南無大菩薩
NAMU DAIBOSA

spielt. Koans sind so angelegt, dass sie das intellektuelle Denken umgehen und die intuitiven Aspekte unseres Bewusstseins ansprechen. Um die lebendige Kraft des Koan-Studiums zu verstehen, muss man begreifen, dass zum Beispiel die Frage »Wie ist der Klang einer klatschenden Hand?« weder ein Rätsel noch ein Paradox darstellt. Es ist eine Frage, die auf die grundlegende Wahrheit abzielt, nicht anders als Fragen wie: »Was ist die Wirklichkeit? Was ist das Leben? Was ist der Tod? Was ist Gott? Wer bin ich?« Sie beschäftigen sich mit der Natur der Wirklichkeit und stellen Fragen, mit der sich letztendlich jede Religion befasst.

Damals arbeitete Maezumi Roshi gerade an einem Kommentar zu den Lehren Eihei Dogens, eines Zen-Meisters aus dem 13. Jahrhundert. Dogen ist der Begründer der japanischen Schule des Soto-Zen und einer der berühmtesten Meister in der Geschichte des Zen. Neuerdings wird er auch im Westen entdeckt und gilt nicht nur als großer religiöser Denker, sondern auch als bedeutender Schriftsteller und Dichter.

Maezumi Roshis Kommentare konzentrierten sich auf Dogens *Genjokoan* (»Das Koan vom alltäglichen Leben«). Ich wurde gebeten, Farbfotos beizusteuern. Diese sollten keine einfachen Illustrationen bestimmter Textstellen sein, sondern die Lehren visuell zum Leben erwecken. War das nicht genau das, was Hakuin und Soen mit ihren Tuschezeichnungen taten? Kann eine Fotografie diejenigen Aspekte der Zen-Lehre, die sich der Sprache entziehen, visuell aufzeigen?

Diese Fragen beschäftigten mich in den direkten Begegnungen mit meinem Lehrer. Nachdem ich meine Deutung einer Passage des *Genjokoan* dargelegt hatte, versuchte ich, sie visuell im Bild auszudrücken. Damals wusste ich noch nicht, wie sehr diese Arbeit sich auf mein Verständnis der Zen-Künste und meine eigene Art und Weise, sie zu lehren und auszudrücken, auswirken würde.

Als *The Way of Everyday Life* schließlich erschien, war das Buch sehr erfolgreich und wurde gut aufgenommen. Wir entschlossen uns, ihm ein zweites über einen weiteren Text Dogens, *Das Sutra der Berge und Flüsse*, folgen zu lassen. Für Dogen sind Berge und Flüsse selbst eine buddhistische Schrift, in dem Buddhas Weisheit sich manifestiert.

Anfangs, als ich mich mit diesem Sutra beschäftigte, blieb mir vieles rätselhaft. Die einzig verfügbare Übersetzung fand sich in einer Dissertation von Carl Bielefeldt. Ich lieh mir ein Exemplar in der Universitätsbibliothek aus und begann zu lesen und das Gelesene zu verdauen. Mitten in dieser Arbeit bat Maezumi Roshi mich, nach New York zu gehen und Tetsugen beim Aufbau eines Zen-Zentrums behilflich zu sein. Das Buch musste warten.

»Nachdem du Tetsugen geholfen hast«, sagte Maezumi, »kannst du das Zentrum für Zen-Künste gründen, von dem du ständig sprichst.« Ich hatte bereits lange darüber nachgedacht, Menschen durch die Kunst mit Zen in Kontakt zu bringen und wünschte mir, einen solchen Ort aufzubauen.

Nachdem ich Tetsugen acht Monate lang an der Ostküste geholfen hatte, ergab sich schließlich die Gelegenheit, das Zen Arts Center zu gründen. Hinter dem Gebäude, das ich erwarb, erhob sich ein Berg und vor ihm flossen zwei Flüsse zusammen. Diese Glück verheißende Geografie brachte mir meine Arbeit an den »Bergen und Flüssen« in Erinnerung, der ich mich mit meinem Lehrer gewidmet hatte.

Im Allgemeinen sagen wir, dass die Berge zu einem Land gehören, aber in Wirklichkeit gehören sie den Menschen, die sie lieben.

Eihei Dogen

Kurz nachdem ich in das neue Kloster eingezogen war, kaufte ich eine Ausgabe der *Woodstock Times*, einer örtlichen Tageszeitung, und sah in fetten Lettern den ersten Satz des Sutras über die gesamte obere Breite der zweiten Seite gedruckt: »Die Berge und Flüsse der Gegenwart sind die Verwirklichung der Worte der ewigen Buddhas.« Es folgte ein anderthalbseitiger Bericht über *Das Sutra der Berge und Flüsse*. Ich war verblüfft.

Sofort machte ich mich auf den Weg in die Redaktion und platzte in das Büro des Herausgebers.

»Was kann ich für Sie tun?«, erkundigte er sich höflich.

»Wie haben Sie von Meister Dogen gehört?«, entfuhr es mir.

Er blickte mir direkt in die Augen. »Kennt nicht *jeder* Dogen?«

Dann fügte er hinzu, dass ein örtlicher Verlag ein Buch mit dem Titel *Mountain Spirit* herausgegeben habe. Darin war Bielefeldts Übersetzung abgedruckt.

Nach diesem Erlebnis widmete ich mich dem *Sutra der Berge und Flüsse* mit neuem Enthusiasmus. Ich las regelmäßig darin, während die Probleme und Fragen auftauchten, die sich aus meinem Ringen um den richtigen Weg, die Zen-Künste zu lehren, ergaben. Ich versuchte, die japanischen Lehren, die ich von meinem Lehrer erhalten hatte, in eine westliche Form zu bringen, insbesondere, was die Künste betraf, da ich

Zen Arts Center

die Lehren für die wachsende Zahl von Laienschülern und -schülerinnen, die an das Zentrum kamen, greifbar machen wollte. Viele von ihnen waren Jazz-Musiker, Malerinnen, Bildhauer und Dichterinnen, die an der Beziehung zwischen Zen und dem kreativen Prozess interessiert waren. Die Situation erinnerte an die der säkularen Künstler, die in den chinesischen Klöstern der Sung-Dynastie oder im Japan der Kamakura-Zeit nach spirituellen Unterweisungen gesucht hatten.

Das Sutra der Berge und Flüsse und Dogens Lehren kamen mir immer wieder in den Sinn, und die ursprüngliche Idee eines Buches, die ich mit Maezumi Roshi verfolgt hatte, nahm eine neue Form an. Ich hielt es jetzt für möglich, das Sutra als Film auszudrücken. Ich spürte, dass der Text durch Bilder, Klänge, Musik und die Worte Dogens ausgedrückt werden konnte.

Mit einem meiner Zen-Schüler, einem Komponisten und Professor an der Juilliard School, machte ich mich an die Arbeit. Wir gingen Zeile für Zeile durch das Sutra und betrachteten jede als ein Koan, etwa so, wie ich mit Maezumi Roshi am *Genjokoan* gearbeitet hatte. Sobald unser Verständnis übereinstimmte, drückte ich es bildlich aus und er schrieb eine Partitur dazu. Auf diese Weise arbeiteten wir uns langsam durch den Text und rangen mit Dogens vielschichtiger Sprache:

> Gerade weil die Blauen Berge sich bewegen, sind sie im Gleichgewicht. Die Berge bewegen sich schneller als der Wind, aber die Menschen in den Bergen bemerken und erkennen das nicht. »In den Bergen zu sein« ist das Öffnen der Blumen in der Welt. Die Menschen außerhalb der Berge bemerken und erkennen das nicht. Diejenigen, die nicht die Augen haben, die Berge wirklich zu sehen, erkennen, sehen und hören diese Wahrheit nicht.

Wie konnten wir das bildlich ausdrücken? Was bedeutet »die Blauen Berge bewegen sich«? Wie kann dieser Satz musikalisch ausgedrückt werden? Zeile für Zeile versuchten wir, diese uralten Lehren in eine moderne Form zu bringen.

Schließlich wurde deutlich, dass die Musik selbst zur Erde zurückkehren musste. Ein Freund des Komponisten, ein Professor an der Manhattan School of Music, wurde am Arbeitsprozess beteiligt. Er nahm die natürlichen Töne der Berge und Flüsse, Vögel und Insekten, des Windes und rauschenden Wassers auf und komponierte auf dieser Grundlage eine elektronische Musik, die in die Partitur integriert wurde.

> Es gibt Berge, die in einem Schatz verborgen sind, Berge, die in einem Sumpf verborgen sind, Berge, die im Raum verborgen sind, und es gibt Berge, die in den Bergen verborgen sind, und es gibt ein Erforschen und Erfahren, in dem die Berge in ihrer eigenen Verborgenheit verborgen sind.

Unser Komponist bat zwei Freundinnen, Sopranistinnen an der Oper, Dogens Worte zu singen. Das Ergebnis gefiel uns, und wir machten Witze darüber, dass wir die erste Zen-Oper der Welt geschaffen hätten.

Der Film wurde ein Erfolg und gewann mehrere Preise. Doch der eigentliche Erfolg war die Verwandlung der Beteiligten – die Auswirkung der alten Lehren des Buddhismus, die in eine moderne Form gebracht worden waren, auf ihr Leben. Der Komponist nahm die buddhistischen Gelübde. Ich gab ihm den Dharma-Namen »Kyogen« – Quelle des Klangs. Er, aber auch der Komponist der elektronischen Musik, entdeckten durch Dogens mystische Visionen neue Bereiche des künstlerischen Ausdrucks. Für mich war es die Vollendung einer Reise auf verschlungenen Pfaden, die mit Minor White ihren Anfang genommen und mich schließlich bis zum Zen Arts Center geführt hatte. Die Matrix des Lehrens von Zen und der Kunst, ein kreatives Leben zu führen, hatte schließlich Gestalt angenommen.

Teil II

Der kreative Geist

Den Buddha-Weg ergründen heißt sich selbst ergründen.
Sich selbst ergründen heißt sich selbst vergessen.
Sich selbst vergessen heißt eins mit den Zehntausend Dingen sein.

Eihei Dogen

Drei

Der stille Punkt

Jedes Lebewesen auf dieser Erde scheint zu wissen, wie es ruhig und still sein kann. Der Schmetterling auf einem Blatt, die Katze vor dem Kamin – selbst ein Kolibri kommt manchmal zur Ruhe. Nur wir Menschen sind ständig in Bewegung. Wir scheinen die Fähigkeit verloren zu haben, ganz einfach ruhig zu sein, einfach in der Stille, der Grundlage unseres Lebens, präsent zu sein.

Der Punkt der Stille ist das Herz des kreativen Prozesses. Im Zen finden wir durch Zazen Zugang zu ihm. Der stille Punkt ist wie das Auge eines Wirbelsturms. Still, ruhig, selbst mitten im Chaos. Viele glauben, dass es sich dabei um eine Leere handelt, in der die Welt ausgeschlossen wird, aber das stimmt nicht. Still zu sein heißt, sich leer zu machen von dem unablässigen Strom der Gedanken und in ein Bewusstsein einzutreten, das offen und empfänglich ist. Stille ist ganz natürlich und unkompliziert. Sie ist in keinster Weise esoterisch – und doch ist sie unglaublich bedeutungsvoll.

In Zazen bemühen wir uns darum, unsere Gedanken und inneren Dialoge loszulassen und den Geist zum Atem zurückzubringen. Dadurch wird der Atem nach und nach leichter und tiefer, und der Geist kommt ganz natürlich zur Ruhe. Der Geist ist wie die Oberfläche eines Sees. Sobald ein Wind weht, ist die Oberfläche unruhig. Es bilden sich Wellen und Strömungen, und das reflektierte Bild der Sonne oder des Mondes wird gebrochen. Doch sobald der Wind sich legt, wirkt die Oberfläche des Sees wie Glas. Der stille Geist ist wie ein Spiegel. Er denkt nicht nach, sondern reflektiert nur. Wenn eine Blume vor ihm auftaucht, reflektiert er eine Blume. Wenn sie verschwindet, verschwindet auch ihre Reflexion. Der Geist kehrt zu dieser ursprünglichen, reinen Oberfläche zurück. Im stillen Geist gibt es kein Hindernis. Er hält an nichts fest. Unabhängig von den Umständen ist er in jedem Moment frei.

Wenn wir von unserer eigenen Angst befreit sind,
befreit unsere Präsenz automatisch andere.

Nelson Mandela

Die Kraft und Tiefe der Stille wurde mir deutlich, als ein ehemaliger US-Soldat mir davon erzählte, wie er zum ersten Mal durch koreanische Offiziere, mit denen er in Vietnam gedient hatte, mit Zazen in Kontakt kam. Damals war er, um es milde auszudrücken, in einer unglaublich schwierigen Situation. Die meiste Zeit hatte er Angst, denn häufig wurde er in vorderster Linie als Beobachter eingesetzt, um die exakte Position des Feindes zu bestimmen und so die Bombardierungen durch die Schiffe, die vor der Küste kreuzten, zu lenken. Doch die Granaten flogen immer wieder zu kurz und explodierten so nahe an seiner Position, dass der Boden unter ihm bebte. Manchmal war er mitten im Kreuzfeuer beider Seiten.

Während der Bombardements bemerkte er etwas Außergewöhnliches: Sobald die Hölle richtig losbrach, blieben die koreanischen Offiziere immer konzentriert und ruhig. Wie schafften sie das? Wieso wurden sie nicht, wie alle anderen, von Angst überwältigt? Schließlich entschloss er sich, sie zu fragen, und besuchte sie in ihrem Quartier. Er kam etwas früher als ausgemacht und traf sie, vollkommen still, mit gekreuzten Beinen in Meditation sitzend an. Sie zeigten ihm, wie man meditiert, und das, berichtete er, veränderte nicht nur von Grund auf, wie er seine Zeit an der Front, sondern sein gesamtes weiteres Leben bewältigte. Es ist nicht leicht, wirklich auszudrücken, welche große Veränderung in unserem Leben etwas so Einfaches wie die Fähigkeit, wirklich still zu sein, bewirken kann.

Der stille Punkt hilft uns, von der Verrücktheit, die uns umgibt, nicht überwältigt zu werden – nicht nur in extremen Situationen, sondern auch in unserem alltäglichen Leben. So vieles in unserer Kultur scheint einzig dem Zweck zu dienen, unseren Geist aufzuwühlen, und irgendwie spielen wir dabei auch mit. Wir alle sind Konditionierungen unterworfen, vom Moment unserer Geburt bis zu unserem Tod. Wir sind von unseren Eltern geprägt, unseren Lehrern, unserem Land und unserer Kultur. Wir verbringen einen Großteil unseres Lebens so, als hätten wir kein größeres Potenzial als ein Pawlowscher Hund. Wenn jemand auf eine Klingel drückt, lechzen wir nach etwas. Ohne dass es uns bewusst

think
Non thinking

wird, leben wir nach Drehbüchern, die andere geschrieben haben. Oder wir lehnen uns zwanghaft immer wieder gegen sie auf, aber auch dann sind wir noch Sklaven dieser Drehbücher, nur in einer anderen Weise. Es gibt jedoch eine Alternative, die der stille Punkt uns bietet: unsere bedingungslose Freiheit zu realisieren.

Die Kunst des inneren Werkes,
das nicht wie das äußere vom Künstler abfällt, das er nicht machen,
sondern immer nur sein kann, entspringt aus Tiefen,
von denen der Tag nichts weiß.

EUGEN HERRIGEL Zen in der Kunst des Bogenschießens

Der erste Schritt, der uns Zugang zu diesem stillen Punkt verschafft, besteht darin, ruhig zu werden. Andauernd reden wir mit uns selbst. Wir verbringen unsere Zeit damit, uns mit der Vergangenheit zu beschäftigen. Sie existiert nicht mehr – sie ist längst vorbei. Oder wir sind in Gedanken an die Zukunft vertieft. Auch sie existiert nicht – sie ist noch nicht gekommen. Letztendlich verlieren wir so die Aufmerksamkeit dafür, wie unser Leben von Moment zu Moment abläuft, und bemerken kaum, wie es vergeht. Wir essen, aber wir schmecken nichts, wir hören, aber wir vernehmen nichts, wir lieben, aber wir empfinden nichts. Wir verbringen unser Leben damit, uns in unseren Köpfen zu verlieren.

Wenn wir unser Leben in der Ruhe des stillen Punktes verankern, sind wir in diesem Moment, der immer genau hier ist, genau jetzt. »Sei jetzt hier«, lässt sich sehr leicht sagen, aber es ist sehr schwierig, wirklich präsent zu sein.

Um an diesen stillen Punkt zu gelangen, müssen wir uns nach innen wenden. Wir müssen bereit sein, immer wieder zu diesem Moment zurückzukehren, bewusst und entschieden. Das ist nicht einfach. Versuchen Sie Folgendes:

Setzen Sie sich bequem hin, schließen Sie die Augen, entspannen Sie sich, und lauschen Sie einfach nur 15 Minuten lang, ohne Ihren Körper oder Geist zu bewegen. Konzentrieren Sie sich nicht auf einen bestimmten Klang oder eine Klangfolge. Lassen Sie Ihr gesamtes Sein zu einem 360 Grad umfassenden Raum des Hörens werden. Beschäftigen Sie sich nicht mit dem, was Sie hören. Verlieren Sie sich nicht in Tagträumen oder Schläfrigkeit. Bitte lauschen Sie einfach nur 15 Minuten lang.

Die meisten von uns – einschließlich erfahrene Meditierende – werden bemerken, wie schwierig es ist, einfach nur zu lauschen. Wir hören Klänge und benennen sie sofort, oder wir assoziieren sie mit etwas anderem, vergleichen und analysieren sie oder wollen ihre Quelle finden. Ganz schnell finden wir es langweilig, einfach nur zu lauschen, und unser Geist zerstreut sich. Es ist nicht leicht, die Dinge einfach so zu lassen, wie sie sind, und auf unseren ständigen Kommentar zu verzichten.

In der Zen-Praxis berühren wir den stillen Punkt durch die Einsgerichtetheit des Geistes, die wir nach und nach entwickeln können, indem wir an unserer Konzentration arbeiten. Zuerst zählen wir unsere Atemzüge: einatmen – eins; ausatmen – zwei, und so weiter. Sobald wir bei zehn sind, fangen wir wieder mit eins an. Wenn wir bemerken, dass unser Geist abschweift, das heißt, wenn wir den Gedanken erkennen, machen wir ihn uns bewusst, lassen ihn los und fangen erneut bei eins an. Nach und nach bauen wir so *joriki* auf, die Kraft der Konzentration. Jedes Mal, wenn wir einen Gedanken bewusst loslassen und zum Atem zurückkehren, verbessern wir unsere Fähigkeit, den Geist auf das zu lenken, was wir betrachten wollen – wann und so lange, wie es uns beliebt. Das verleiht uns eine große Kraft.

Die Kraft der Konzentration ist nicht nur geistiger Natur. Sie kann sich auch körperlich manifestieren. Meister der Kampfkunst, die aus der Kraft des Joriki schöpfen, sind zu erstaunlichen Leistungen fähig. Eine junge Frau, die regelmäßig in unser Kloster kommt, ist in der Lage, zwei Betonblöcke mit ihrem Ellenbogen zu durchschlagen. Sie wiegt nicht mehr als 50 Kilogramm, und ihr Ellenbogen sieht ganz normal aus. Man sieht keine Narben, und sie ist auch nicht sonderlich muskulös. Ihre Konzentration ist jedoch zielgerichtet und intensiv. Sie kann fast zwei Meter hoch in die Luft springen und mit dem Fuß zwei Bretter durchstoßen, die von jemandem gehalten werden, der auf den Schultern einer anderen Person sitzt.

Die menschliche Form ist absolut erstaunlich, wenn sie vollständig zum Ausdruck gebracht wird. Die meisten von uns stolpern jedoch durch das Leben und benutzen nur einen winzigen Teil dieses Potenzials. Joriki schöpft aus unseren körperlichen, geistigen und emotionalen Quellen und lässt uns unsere spirituellen Stärken spüren.

Wenn die intuitiven Aspekte des Bewusstseins hervortreten, beginnen uns unsere spirituellen, geistigen Kräfte bewusst zu werden. Auch aus diesem Grund sind Zen und Kreativität so eng miteinander verbunden. Kreativität ist eben auch ein Ausdruck unserer intuitiven Fähigkeiten. Wenn wir mit unserer Intuition in Verbindung treten, berühren wir den Fluss des Lebens, ein Universum, das sich in einem permanenten Prozess des Werdens befindet. Wenn wir aus unserer Intuition schöpfen, egal, ob in unserer Kunst oder in den alltäglichen Handlungen, werden wir uns als Teil dieses kreativen Kontinuums erleben.

Die Einsgerichtetheit des Geistes entwickelt unsere Intuition. Dadurch wird uns die Welt direkter bewusst. Wir nehmen dann auf eine Art und Weise wahr, die wir zwar nicht vollkommen verstehen, die jedoch sehr genau ist.

Sobald unser Geist absolut auf einen einzigen Punkt konzentriert ist, ist seine Kraft atemberaubend. Die Entwicklung der Konzentration ist wie jede andere Disziplin. Wenn wir Muskeln aufbauen wollen, heben wir Gewichte. Unsere Muskulatur spricht sehr schnell darauf an. Wenn wir Klavier spielen wollen, wiederholen wir immer wieder dieselben Übungen. Irgendwann fliegen unsere Finger dann über die Tasten. Genauso ist es mit Bewegungen und mit der Kunst. Regelmäßige Wiederholungen bauen unsere Fähigkeiten und Fertigkeiten auf. In der Meditation ist das auch nicht anders.

Die Atemzüge zu zählen und zu ihnen zurückzukehren, wenn wir abgelenkt sind, bedarf irgendwann keiner Anstrengung mehr. Dann sind wir bereit, dem Atem einfach nur zu folgen und mit ihm vertraut zu werden. Wenn wir einfach nur der Atem *sind*, verschwindet der Zeuge, und es gibt nur noch den Atem, der sich selber atmet.

Wenn ihr einatmet, atmet das gesamte Universum ein.
Wenn ihr ausatmet, atmet das gesamte Universum aus.

Koryu Osaka

In unseren alltäglichen Aktivitäten genügt oft schon eine kleine Bewegung wie die Reibung des Stoffes auf der Haut, um unser Empfinden eines körperlichen Selbst zu bekräftigen. »Hier bin ich, eingeschlossen in dieses Bündel aus Haut.« Aber wenn wir anfangen zu meditieren und nicht mehr hin und her zappeln, verschwindet diese beständige Bestätigung und mit ihr der Eindruck eines unabhängig existierenden Selbst. Wenn wir auf diese Weise unsere Konzentration entwickeln, wird das Empfinden einer abgeschlossenen Körperlichkeit in tiefer Meditation von uns abfallen.

Für manche ist das eine sehr beängstigende Erfahrung. Sie ist vergleichbar mit den Erfahrungen in »Samadhi-Tanks«. Dabei tauchen Menschen in Wasser ein, das genau ihrer Körpertemperatur entspricht und sind von allen äußeren Sinnesreizen abgeschirmt. Ihr Empfinden körperlicher Grenzen kann sich dabei auflösen, was für viele eine unerträgliche Erfahrung ist.

Wenn wir uns in der Meditation dieser vollkommenen Stille nähern, sabotieren wir sie oft unbewusst. Manchmal beginnt der Körper zu zucken, um sein Gefühl der Abgegrenztheit wiederzugewinnen. Wenn wir mit dieser Grenzenlosigkeit jedoch vertraut werden, können wir uns in sie hinein entspannen. Sobald der Körper sich in der Stille verankert, verlangsamt sich auch der Fluss der Gedanken. Wenn die Gedanken schließlich aufhören, verschwindet damit auch der Denker. Gedanken und Denker entstehen in Abhängigkeit, tauchen miteinander auf. Kein Gedanke, kein Denker wird »das Abfallen von Körper und Geist« genannt. Das ist vollkommenes *samadhi*, die Einsgerichtetheit des Geistes.

In der Einsgerichtetheit gibt es keinen Betrachter. Es gibt kein Bewusstsein von Zeit, Selbst und anderen. Doch in diesem Zustand können wir weder einen Computer bedienen noch Auto fahren. Wir müssen so lange weitermachen, bis dieser Zustand nach und nach zu einem aktiven Samadhi wird, sodass wir in unseren Tätigkeiten funktionieren, allerdings aus dem Punkt der Stille heraus, aus der Zentriertheit. Vollkommenes Samadhi, das in unserem Sitzen auftaucht, wird über kurz oder lang auf andere Bereiche unseres Lebens übergreifen, auf alles, was wir tun. Es ist ein Weg des Seins. Unsere Sinne öffnen sich, werden wach, entspannt und aufnahmebereit, ohne jedoch irgendetwas zu ergreifen.

Wenn ihr versucht, eure Aktivität anzuhalten,
um Passivität zu verwirklichen,
erfüllt euch genau dieses Bemühen mit Aktivität.

Jianzhi Sengcan

In aktivem Samadhi gibt es kein Bemühen, keine Absicht. Es ist eine 360 Grad umfassende Aufmerksamkeit. Sie entspricht nicht so sehr der Aufmerksamkeit eines Jägers, die zielgerichtet und zweckbestimmt ist, sondern eher der Aufmerksamkeit des Gejagten – sie ist unbegrenzt.

Ein Reh, das sich durch den Wald bewegt, erstarrt in seiner Spur, wenn auch nur der kleinste Zweig bricht, und sein ganzer Körper ist voller Aufmerksamkeit. Die Ohren bewegen sich leicht hin und her und achten auf Geräusche. Die Augen suchen die Konturen des Waldes nach Bewegungen ab. Mit der Nase schnuppert es in der Luft nach Gerüchen. Dann, falls die Gefahr sich bestätigt, setzt es sich ohne zu zögern in Bewegung, um sich aus dem Staub zu machen.

Wenn es in Ihrem Leben, in Ihrem Sein aktives Samadhi gibt, wird es sich auch in Ihrer Kunst ausdrücken. Kunst spiegelt immer auch den Künstler wider. Wenn Sie unruhig sind, wird auch Ihre Kunst unruhig sein. Wenn Ihre Kunst in der Stille verankert ist, wird das Selbst ihr nicht im Wege stehen und sie kann ihren Gegenstand direkt reflektieren.

Selbst Affen fallen von den Bäumen.

Japanisches Sprichwort

Ein Freund, ein international berühmter Bach-Interpret auf dem Klavichord und der Orgel, erteilte mir einmal eine großartige Lektion darüber, wie wichtig es ist, die Aufmerksamkeit und Ruhe, die wir auf einem Gebiet – unserer Kunst zum Beispiel – entwickelt haben, in andere Bereiche unseres Lebens zu integrieren. Dieser Künstler war ebenfalls ein Zen-Schüler von Maezumi Roshi, den er bei dieser Gelegenheit gemeinsam mit mir zum Mittagessen eingeladen hatte.

Mein Freund war offensichtlich nervös, als Roshi, der ihm sehr wichtig war, in sein Haus kam. Er ließ Sachen fallen und zerbrach während des Essens einen Teller. Ich konnte es ihm nachfühlen und mich mit seiner Unsicherheit identifizieren. Um die Situation zu entspannen, bat Roshi ihn, etwas für uns zu spielen. Sofort hellte sich sein Gesicht auf, und er führte uns ins Musikzimmer, in dem ein antikes Klavichord stand. Er ging zu ihm hin, stolperte über den Hocker und ließ seine Noten fallen. Doch dann saß er mehrere Minuten mit zum Spielen bereiten Händen vollkommen still. Er schien in eine neue Dimension einzutreten. Er verwandelte sich in ein anderes Wesen. Wunderschöne, bewegende Musik entströmte dem Instrument, und wir fühlten uns in eine erhabene Sphäre versetzt. Nachdem er aufgehört hatte zu spielen, verweilte er noch einige Sekunden in der Stille, während wir applaudierten. Dann, als er aufstand, kehrte auch seine Unsicherheit zurück.

Es ist harte Arbeit, die meditative Versenkung, die wir in einer Kunstform erfahren, auf unser gesamtes Leben zu übertragen. Einer der Gründe, wieso die Meisterschaft der Zen-Künstler – alter wie zeitgenössischer – nicht alleine auf die Kunst begrenzt ist, liegt darin, dass sie sich mit etwas viel Grundsätzlicherem befassen: Sie untersuchen die Natur des Selbst und der Wirklichkeit. Wie geht das?

Aus buddhistischer Sicht ist das Selbst nur eine Idee. Es existiert nicht, außer in unseren Gedanken. Wenn wir die Frage »Was ist das Selbst?« untersuchen, wird bestenfalls eine Liste zusammengesetzter Phänomene dabei herauskommen. Das Selbst ist mein Körper, mein Geist, meine Erinnerungen, meine Geschichte, meine Erfahrungen. Doch all das sind zusammengesetzte Phänomene, so wie Wände, Decken, Böden, Türen und Fenster zusammengesetzte Phänomene sind, die einen Raum bilden. Sie beantworten nicht die Frage nach dem Wesen des Selbst oder dem Wesen von Räumen, Stühlen und Bäumen.

Was bleibt, wenn diese zusammengesetzten Phänomene weggenommen werden? In der westlichen Philosophie wird im Allgemeinen angenommen, dass dann immer noch eine Essenz existiert: die Essenz eines Zimmers, eines Stuhles, eines Baums. Genauso geht man davon aus, dass das Selbst über einen Kern verfügt, den die jüdisch-christliche Tradition Seele nennt. Im Buddhismus haben die Erleuchtungserfahrungen in den vergangenen 2 500 Jahren jedoch immer wieder bestätigt, dass es außer diesen zusammengesetzten Phänomenen nichts gibt. Das Selbst ist einfach nur eine Idee. Es ist in einem beständigen Fluss.

Wer Sie jetzt sind, ist nicht die gleiche Person, die Sie im Alter von drei Monaten waren. Sie sehen anders aus, denken anders, fühlen anders und handeln anders. Das Gleiche gilt, wenn Sie achtzig Jahre alt sind. Biochemisch betrachtet gibt es in Ihrem Körper kein einziges Atom oder Molekül, das bereits vor fünf Jahren da gewesen wäre.

Doch was bleibt, wenn das Selbst in Zazen »vergessen« wird? Alles. Nichts fehlt – außer der Schranke zwischen Ihnen und allem anderen. Sie erkennen sich jetzt selbst als das gesamte phänomenale Universum. Wenn dem so ist, welches Selbst drückt sich dann aber in der Kunst aus? Wenn das Selbst abfällt, so die Antwort des Zen, malt der Pinsel aus sich selbst heraus, tanzt der Tanz sich selbst, schreibt das Gedicht sich selbst. Dann gibt es keinen Graben mehr zwischen Künstler, Gegenstand, Publikum und dem Leben selbst. Diese Erfahrung ist kein Zufall. Sie beruht auf persönlicher Übung, spiritueller Entwicklung und Einsicht, die sich schließlich im künstlerischen Ausdruck manifestieren. Im Zen beginnt diese persönliche Übung mit Zazen.

Übung: Der stille Punkt

Praktizieren Sie jeden Morgen 15 Minuten lang in Stille sowie immer dann, wenn Sie künstlerisch aktiv werden wollen. Als Erstes müssen Sie eine korrekte Sitzhaltung für Ihren Körper finden, um mit Zazen anzufangen. Die Haltung wird Ihren Atem und Ihren Geist tief beeinflussen. Für Zazen gibt es verschiedene Haltungen; Sie können zum Beispiel auf einem Kissen, einem Meditationshocker oder einem Stuhl sitzen. Für unsere Zwecke konzentrieren wir uns nur auf eine dieser Haltungen, die so genannte burmesische Haltung, da sie vielen Menschen leicht fällt. Es ist wichtig, dass Sie darauf achten, was Sie mit Ihren Beinen tun, denn das verschafft Ihnen die notwendige Stabilität.

Setzen Sie sich auf ein flaches Kissen, und ziehen Sie den rechten Fuß nahe an den linken Oberschenkel heran, sodass Fuß und Wade am Boden ruhen. Legen Sie den linken Fuß so vor den rechten Unterschenkel, dass beide Knie am Boden aufliegen. Wenn es Ihnen schwer fällt, auf dem Boden zu sitzen, können Sie auch einen Stuhl benutzen, dann sollten Sie jedoch darauf achten, dass Ihre Wirbelsäule gestreckt, aber nicht angespannt ist. Es ist auch wichtig, dass Sie sich nicht zur Seite, nach vorn oder nach hinten lehnen. Ziehen Sie das Kinn ein wenig ein, damit der Kopf direkt auf der Wirbelsäule ruht.

Um zu spüren, wie es sich anfühlt, aufrecht zu sitzen, hilft es, wenn Sie sich kurz vorstellen, dass die Decke Ihren Scheitelpunkt berührt. Richten Sie dann die Wirbelsäule aus dem Beckenboden heraus auf, als wollten Sie die Decke noch etwas höher drücken. Tun Sie das bitte, ohne sich zu sehr anzustrengen; die Wirbelsäule sollte sich dabei ganz sanft strecken. Ihr unterer Rücken wird jetzt ganz natürlich gebogen sein, und der Bauch tritt etwas hervor. Atmen Sie durch die Nase. Senken Sie den Blick, und lassen Sie ihn circa 75 cm vor sich am Boden ruhen. Atmen Sie aus, und entspannen Sie bewusst alle Muskeln des Körpers.

Nachdem Sie mit Ihrem Körper diese unterstützende Haltung eingenommen haben, legen Sie Ihre aktive Hand mit dem Handrücken in den Schoß und die andere Hand, ebenfalls mit der Innenseite nach oben, auf diese. Die Daumenkuppen sollten sich leicht berühren und ein Oval bilden.

Richten Sie Ihre Aufmerksamkeit auf das Hara, einen Punkt ungefähr sechs Zentimeter unterhalb des Nabels. Dort befindet sich Ihr Gleichgewichtszentrum. Die Aufmerksamkeit darauf zu lenken beruhigt den Geist und vermittelt ein Gefühl der Ausgewogenheit.

BREATHE, YOU ARE ALIVE!
9 VII 83
NHẤT HẠNH

Atmen Sie leicht und natürlich. Wenn Sie die richtige Haltung einnehmen, wird dies ganz spontan geschehen. Entspannen Sie sich nun in eine stille Aufmerksamkeit. Zählen Sie jedes Einatmen und Ausatmen. Zählen Sie »eins«, wenn Sie einatmen, »zwei«, wenn Sie ausatmen, und folgen Sie so der natürlichen Bewegung des Atems, bis Sie »zehn« erreichen. Danach fangen Sie einfach wieder von vorn an.

Nehmen Sie sich dabei Folgendes vor: Sobald Ihr Geist zerstreut ist, machen Sie sich einfach bewusst, dass Sie abgelenkt sind, lassen den Gedanken los und kehren zu »eins« zurück. Diese Abmachung mit sich selbst einzugehen ist sehr einfach, und doch ist es für viele eine große Herausforderung. Haben Sie Geduld mit sich, während Sie mit dieser Übung fortfahren.

Oft geschieht dann etwas wie: Sie sitzen, zählen Ihre Atemzüge und plötzlich, Sie sind gerade bei »vier«, hören Sie einen Feuerwehrwagen. Sofort, wenn Sie die Sirene vernehmen, taucht ein Gedanke nach dem anderen auf. »Wessen Haus brennt da wohl? Da das Feuerwehrauto die Straße hochfährt, muss es dort oben brennen. Ich wette, es ist das dritte Haus rechts. Ich wusste schon immer, dass es dort mal brennen würde, so wie das Haus aussieht. Mein Gott, hoffentlich sind die Kinder in Sicherheit, die heute Morgen dort gespielt haben. Es ist schrecklich, dass die Leute nicht besser auf ihre Häuser achten.«

Bevor Sie es merken, haben Sie eine ausführliche Geschichte entwickelt. Sie sind plötzlich 1 000 Kilometer von Ihrem Atem und Ihrer Haltung entfernt und verstricken sich in dieses selbst erschaffene, fiktive Drama. Wenn Sie erkennen, was Sie da tun, sollten Sie sich ihre Gedanken bewusst machen und sie loslassen. Kehren Sie mit Ihrer Aufmerksamkeit wieder zum Atem zurück, und beginnen Sie erneut bei »eins«.

Manchmal taucht jedoch etwas so Wichtiges auf, dass es wiederkehrt, nachdem Sie es losgelassen haben. Sie lassen den Gedanken los, aber er meldet sich sofort wieder. Sie lassen ihn erneut los, und er taucht wieder auf. Sollte das geschehen, dann widmen Sie sich ganz bewusst diesem Gedanken – verfolgen Sie ihn, bis er von selbst verschwindet. Aber betrachten Sie ihn dabei. Machen Sie ihn sich bewusst. Sobald sich dieser Prozess abgeschlossen anfühlt, lassen Sie das, was Sie beschäftigt hat, los, kehren mit Ihrer Aufmerksamkeit wieder zum Atem zurück und beginnen erneut zu zählen. In Zazen sollten Sie keine Gedanken oder Emotionen, die im Bewusstsein auftauchen, unterdrücken. Sie sollten auch keine Gedanken unterdrücken, die mit Schmerz oder Empfindungen des Unwohlseins verbunden sind.

In Zazen werden Gedanken auftauchen, mit denen Sie sich befassen müssen. Das ist kein Fehler. Wenn Sie Ihren Gedanken in dieser offenen Weise begegnen, ist das nur eine weitere Art zu praktizieren.

Anfangs werden Sie vielleicht denken, dass Sie in Zazen noch abgelenkter sind als sonst. Möglicherweise wirkt es so, als würden Sie nie über »zwei« hinauskommen, ohne dass Ihr Geist irgendeine Meinung oder ein Urteil äußert, egal wie intensiv Sie sich auf den Atem konzentrieren. Ihre Gedanken nehmen jedoch nicht wirklich zu; Sie hören einfach nur zum ersten Mal Ihr unablässiges inneres Geplapper.

Wenn Ihr Geist schließlich zur Ruhe kommt und die Konzentration sich vertieft, können Sie auf das Zählen verzichten und einfach nur dem Atem folgen. Verweilen Sie nur beim Atem. Seien Sie der Atem, und lassen Sie den Atem sich selber atmen.

Wenn Sie diese Praxis aufnehmen, sollten Sie bedenken, dass Zazen nicht der Ort ist, um Ihre kreativen Impulse zu verfolgen, ein Gedicht zu schreiben oder Probleme zu lösen. Zazen ist ein Prozess, der den Geist beruhigt und konzentriert, sodass Joriki und Samadhi sich entfalten können. Wenn diese beiden Elemente reifen, verwandeln sie sich in aktives Samadhi: die Fähigkeit, mit dem Gegenstand vollkommen präsent zu sein und der Kunst, die sich selbst schafft, nicht mehr im Wege zu stehen. Aber denken Sie daran: Dieses »Zulassen« ist nicht zufällig oder beiläufig: Es erfordert ein bewusstes Entspannen in den kreativen Prozess hinein. Der erste Schritt auf diesem Weg besteht in einem Sehen und Wahrnehmen mit dem ganzen Körper und Geist.

Vier

Sehen mit dem ganzen Körper und Geist

Wenn wir Formen mit dem ganzen Körper und Geist sehen,
wenn wir Klänge mit dem ganzen Körper und Geist hören,
werden wir direkt verstehen.

EIHEI DOGEN

»Sehen mit dem ganzen Körper und Geist«, wie Meister Dogen es beschreibt, ist die absolute Verschmelzung von Subjekt und Objekt, von Sehendem und Gesehenem, von Selbst und Anderem. Es ist, im Grunde genommen, die Erfahrung der Erleuchtung. Wenn wir mit dem »ganzen Körper und Geist sehen«, werden wir blind. Wenn wir mit dem »ganzen Körper und Geist hören«, werden wir taub. Dieser Bewusstseinszustand kann nicht wirklich beschrieben werden. Das *Herz-Sutra* charakterisiert dieses Sehen mit dem ganzen Körper und Geist, indem es sagt, was es nicht ist: »nicht Auge, Ohr, Nase, Zunge, Körper, Geist; nicht Farbe, Klang, Geruch, Geschmack, Phänomen; nicht der Bereich des Sehens, nicht der Bereich des Bewusstseins«.

Aber wie ich schon gesagt habe, ein Mensch kann in diesem Zustand nicht funktionieren. Er wird die Straße nicht überqueren können, ohne von einem Auto überfahren zu werden, da er nicht zwischen dem Wagen und sich selbst unterscheiden kann.

Dieses Sehen mit dem ganzen Körper und Geist wird in spiritueller Praxis auch als das »Ankommen auf dem Gipfel des mystischen Berges« bezeichnet. Man könnte das für einen tiefgründigen Durchbruch halten, doch im Zen stellt dies nicht den Endpunkt dar. Danach führt die Reise auf direktem Wege nach unten, die andere Seite des Berges hinab und zurück in die Welt. Nur in der Alltäglichkeit unseres Lebens kann die tiefe Erfahrung der Verschmelzung des Selbst mit dem Absoluten anfangen, sich auszudrücken.

Das *Herz-Sutra* sagt: »Oh Shariputra, Form ist nichts anderes als Leerheit, Leerheit nichts anderes als Form. Form ist Leerheit, Leerheit ist Form. Das Gleiche gilt für Empfindung, Wahrnehmung, Unterscheidung und Bewusstsein. Oh Shariputra, alle Dinge sind Ausdruck der Leerheit.« Erst dann, wenn die absolute Grundlage der Wirklichkeit sich in unse-

rem tagtäglichen Leben ausdrückt, werden die Zen-Lehren in uns lebendig werden.

Dieses Zusammentreffen zwischen dem Absoluten und seinen Manifestationen in der Welt zeigt sich ganz deutlich in den klassischen Kunstwerken des Zen. Sie wurden von erleuchteten Meistern geschaffen, deren Wahrnehmung des Universums den Beschreibungen Dogens entspricht.

Doch was heißt das für den Künstler oder die Praktizierende, die diese Einsicht noch nicht erlangt hat? Wie können wir einen Zugang zu dieser außergewöhnlichen Sichtweise des Universums finden, in der jeder Atemzug der erste Atemzug, jeder Anblick und jeder Klang neu ist und das gesamte Universum in alle Richtungen durchdringt?

… Musik, so tief gehört, dass wir sie nicht hören,
sondern Musik sind.

T. S. Eliot

Jeder von uns hat wohl schon einmal diese Art der Wahrnehmung erfahren. Ganz unerwartet kann sie über uns kommen. Plötzlich dringt die Musik tief in unser Wesen ein, und unser Körper reagiert. Es gibt dann keinen Gedanken, kein Urteil und keine bewusste Anstrengung. Die Musik zieht einfach frei durch uns hindurch. Wir nehmen den Pinsel auf, und das Bild fließt aus seiner Spitze. Das Gedicht erschafft sich selbst, fast ohne Anstrengung.

Warum können wir dann nicht auch unser Leben so führen, ungehindert, ungefiltert? Wieso verstricken wir uns beständig in unsere Ideen, in den Glauben, dass wir ganz genau wissen, wie die Dinge sind?

Alle Lebewesen erfahren das Universum durch ihre Sinne. Deshalb wird von jedem Wesen in jedem Moment ein unterschiedliches Universum erschaffen. Eine Spinne zum Beispiel erspürt das Universum durch ihre Beine, mit denen sie die zentralen Fäden ihres Netzes berührt. Sie weiß, dass es regnet oder dass es Nahrung gibt. Sie denkt nicht: »Das ist keine Fliege im Netz, sondern Regen«, sie weiß es einfach. Sie überlegt nicht, welche Art von Fliege sie gerne fressen würde, und kritisiert den Regen auch nicht dafür, dass er sie täuschen will. Eine Spinne tut einfach das, was sie tut, ohne Anstrengung und spontan.

Doch für die meisten von uns ist unsere gewohnte Wahrnehmung nicht so einfach. Unser Universum ist angefüllt mit inneren Dialogen, Analysen, Bewertungen und Klassifizierungen. Wir ziehen der direkten Wahrnehmung das Wissen vor. Indem wir wissen, »töten« wir jedoch die Wirklichkeit oder schneiden uns zumindest von ihr ab. Wir leben und schöpfen aus unseren Ideen, aus dem vermeintlich angenehmen Gefühl der Gewissheit heraus, die sie uns vermitteln.

Pflanzen und Tiere zum Beispiel ordnen wir nach einer biologischen Klassifizierung, die sie in Familien, Geschlechter und Spezien unterteilt. So funktioniert die Wissenschaft. Die Vielfalt und Komplexität des Lebensnetzes, all seine unzähligen Formen, werden in sinnvolle Gruppen und Untergruppen aufgeteilt. Die Weymouthskiefer heißt *pinus strobus*. Sie wächst überall auf dem Tremper Mountain, in dessen Nähe unser Zen Mountain Monastery liegt. Sie unterscheidet sich von der *pinus resinosa*, der Rotkiefer, oder der *pinus virginiana*, der Virginiakiefer.

Aber was sagen diese Klassifizierungen eigentlich über die Weymouthskiefer aus, die ich jeden Tag sehe, wenn ich aus meiner Hütte trete? Seit mehr als zwanzig Jahren ist sie meine Freundin. Sie war Zeuge meines Kommens und Gehens. Ich habe beobachtet, wie sie im starken Wind des Berges tanzte. Ich sah, wie sie Vögeln in einem Schneesturm Schutz gewährte, einem Eichhörnchen einen Ast zum Ausruhen und einem heißhungrigen Specht zu Fressen gab. Dieser Baum ist, genau wie ich, ein Individuum, das sich beständig verändert. Er kann ganz leicht von einer weiteren Pinus Strobus unterschieden werden, die direkt neben ihm wächst.

Wie viele Menschen nehmen wir in unserer täglichen Erfahrung nicht wahr, weil wir aufgehört haben zu sehen und nur noch wissen? Wie viel Schaden richten wir in unserer Verwirrung an? Als es darum ging, ob die uralten Mammutbäume in Kalifornien unter Naturschutz gestellt werden sollten, sagte James Watt, Innenminister in der Regierung Reagan: »Warum regen sich eigentlich alle über diese Bäume auf? Wenn man einen Baum gesehen hat, hat man alle gesehen.«

Der Dichter Walt Whitman rät uns: »Man darf nicht zu viel wissen oder zu genau oder wissenschaftlich sein, was die Vögel betrifft und die Bäume und die Blumen und Wasserfahrzeuge; ein gewisser Spielraum, ja sogar Unklarheit – vielleicht Unwissenheit, Gutgläubigkeit – unterstützt den Genuss dieser Dinge …«

Je weniger wir wissen, umso weniger werden wir versuchen, unsere Erfahrung allein mit dem Verstand zu begreifen. Die Vernunft verschließt uns viele Türen. Einer der schönen Züge der asiatischen Lyrik ist die Unbestimmtheit ihrer Sprachen. Chinesische und japanische Schriftzeichen haben vielschichtige und unterschiedliche Bedeutungen, je nachdem, wie sie benutzt werden. Sie machen die Dinge nicht so eindeutig, wie es das Englische oder Deutsche tut.

Das chinesische Zeichen *dao*, das auf japanisch *do* ausgesprochen wird, bedeutet »Weg«, »Pfad«, »Straße« oder »Spur«. In den verschiedenen Zen-Künsten werden mit diesem Schriftzeichen die Prinzipien der geistigen Übung und der Disziplin beschrieben. Im Zen-Buddhismus bezieht sich »do« auf die Lehren des Buddha. Im Daoismus wird damit das erste Prinzip der Existenz bezeichnet; im Konfuzianismus die Grundlage kosmischer Vernunft. Im Japanischen gibt es viele andere Schriftzeichen, die genauso klingen, was eine Vielzahl von manchmal lustigen, manchmal tiefsinnigen Wortspielen ermöglicht.

Neben der Unbestimmtheit, die charakteristisch für die chinesischen Schriftzeichen ist, müssen wir auch berücksichtigen, dass sie im Buddhismus und im Zen nicht selten anders gebraucht werden als im Alltag. Ihre Bedeutung kann sich von der Umgangssprache ganz erheblich unterscheiden.

Einmal, nach der Morgenzeremonie, kam im Zen Mountain Monastery eine Philosophieprofessorin, die in China als Buddhistin erzogen worden war, auf mich zu. Ganz aufgeregt erklärte sie mir, dass sie das *Herz-Sutra* zwar vierzig Jahre lang jeden Tag auf Chinesisch rezitiert habe, aber erst jetzt, nachdem sie die englische Übersetzung gehört habe, hätte sie es »schließlich verstanden«. Die Eindeutigkeit und Genauigkeit der englischen Sprache hatten es ihr möglich gemacht, den Sinn der Rezitation zu verstehen.

Vielleicht hatte sie ja wirklich verstanden, aber indem sie die Botschaft des Sutra fixieren wollte, blieb ihr eine Fassung, die zwar eindeutig, aber weder poetisch noch rätselhaft oder offen war. Vielleicht hatte diese Frau eine befriedigende Erfahrung gemacht, ich befürchte jedoch, dass das Sutra dabei viel von seiner subtilen Tiefe verlor.

Der Drang zu kategorisieren, um die Welt zu verstehen, ist tief in unserem Menschsein verankert. Nehmen wir einen einfachen Gegenstand – eine Tasse zum Beispiel. Sobald ich meine Hand ausstrecke und die Tasse anfasse, gibt es einfach nur Berührung. Die reine Empfindung ist noch nicht bearbeitet. Doch schon wenige Millisekunden später will mein Bewusstsein das Objekt identifizieren. Damit kommt der Intellekt ins Spiel. Er durchsucht den Erinnerungsfundus vorangegangener Berührungen, etwa so, wie ein Computer nach einer Informationseinheit sucht. Ist sie kalt oder warm? Fest oder weich? Ist sie angenehm?

Sobald wir die Tasse identifiziert haben, endet der Prozess der Wahrnehmung, und wir nehmen viele weitere Eigenschaften nicht mehr wahr. Stillschweigend gehen wir davon aus, dass uns eine Sache bekannt ist, sobald wir ihr einen Namen geben können. Und sobald wir diesen kennen, hören wir auf, die einzelnen Eigenschaften des Gegenstandes wahrzunehmen. Uns entgeht dann, dass er sich permanent verändert, aber auch, wie er sich verändert. Wir übersehen, was ihn noch auszeichnet.

Die Kunst der Aufmerksamkeit, die wir in Zazen entwickeln, lässt uns wach sein gegenüber dem Moment. Sie zeigt uns, wie die Gedanken entstehen und unser Sehen beeinträchtigen. Wir können diesen Prozess beeinflussen, indem wir unsere Gedanken loslassen und mit unserer Aufmerksamkeit zur Unmittelbarkeit des Atems, zur reinen Empfindung zurückkehren. Damit fangen wir immer wieder neu an, Atemzug für Atemzug. Wenn diese Art der Aufmerksamkeit unser Leben durchdringt, werden wir jenseits unserer Ideen die Wirklichkeit selbst erkennen.

Normalerweise sehen wir überhaupt nichts.

CHÖGYAM TRUNGPA

Übung: Direkte Erfahrung

In der Teezeremonie geht es um die Erfahrung, eine Schale Tee zu trinken. Ein wichtiger Teil des Rituals findet dabei gegen Ende der Zeremonie statt, wenn die Tee-Meisterin alle Utensilien präsentiert, damit die Gäste sie betrachten und sich an ihnen erfreuen können. Die Teeschale wird als ein einzigartiges Kunstwerk herumgereicht, das die Gäste sowohl visuell als auch durch die Berührung ihrer Hände erfahren können.

Versuchen Sie einmal, ob Sie eine ganz normale Teetasse in die Hand nehmen und einfach nur ihre physische Existenz erfahren können, ohne dass Sie diese Erfahrung benennen, analysieren, bewerten oder beurteilen. Spüren Sie die Tasse einfach nur. Sehen Sie sie. Berühren Sie sie. Erfahren Sie sie, ohne dass der Geist sich bewegt. Wenn Sie merken, dass der Geist unruhig wird, machen Sie sich den Gedanken bewusst und kehren Sie zu der Tasse zurück, genauso, wie Sie in Zazen zum Atem zurückkehren.

Je öfter Sie dies wiederholen, umso stärker entwickelt sich Ihre Fähigkeit, die Dinge direkt wahrzunehmen, ohne sie zu beurteilen. Dann werden Sie in der Lage sein, einfach nur zu sehen, zu hören, zu fühlen, zu schmecken und zu riechen. Wenn sich Ihre Aufmerksamkeit entwickelt, wird sie auch in andere Lebensbereiche und in Ihre Kunst einfließen. Sie werden anfangen, die kleinen Dinge wahrzunehmen, die Sie zwar jeden Tag gesehen, aber im Vorübergehen nicht bemerkt haben. Achtsamkeit ist ein entspannter Bewusstseinszustand, der auf das Hier und Jetzt konzentriert ist, ohne dass Sie sich darum bemühen, das, was Sie wahrnehmen, zu benennen oder gar zu verstehen.

Ein Schüler bat einen alten chinesischen Zen-Meister um eine Unterweisung. Dieser mischte Tusche an und legte Pinsel und Papier bereit. Er saß einen Moment lang still vor dem leeren Blatt und dann, in einem einzigen Atemzug, schrieb er das Schriftzeichen für Aufmerksamkeit. Kurz betrachtete er es und gab es seinem Schüler. »Sehr schön«, sagte dieser, »aber was bedeutet es?« Der Meister nahm den Pinsel wieder zur Hand, schrieb dasselbe Schriftzeichen noch einmal und gab es dem Schüler. »Ja, ich verstehe schon«, entgegnete dieser, »aber was bedeutet es?« Daraufhin schrie der Meister: »Aufmerksamkeit bedeutet AUFMERKSAMKEIT!«

Wenn wir wirklich aufmerksam sind, sehen wir jedes Objekt und jede Situation zum ersten Mal – alles ist frisch und neu, egal, wie viele Male wir sie bereits erfahren haben. So befreien wir uns von unseren gewohnheitsmäßigen Wahrnehmungsmustern.

Nur jener Tag bricht an, für den wir wirklich wach sind.

HENRY DAVID THOREAU

Stellen Sie sich vor, Sie jäten Unkraut im Garten, doch anstatt der Langeweile und Abgelenktheit, die sich in einem unaufmerksamen Geist sehr schnell einstellen, sehen Sie jede Pflanze als die erste und letzte Pflanze Ihres Lebens. Sie jäten – erste Pflanze, letzte Pflanze. Sobald Sie sie hinlegen, lassen Sie sie vollständig los. Die nächste Pflanze, die Sie herausziehen, ist ganz und gar neu. Sie wissen nichts über sie. Sie sind einfach nur aufmerksam. Was bedeutet das? Aufmerksamkeit bedeutet AUFMERKSAMKEIT!

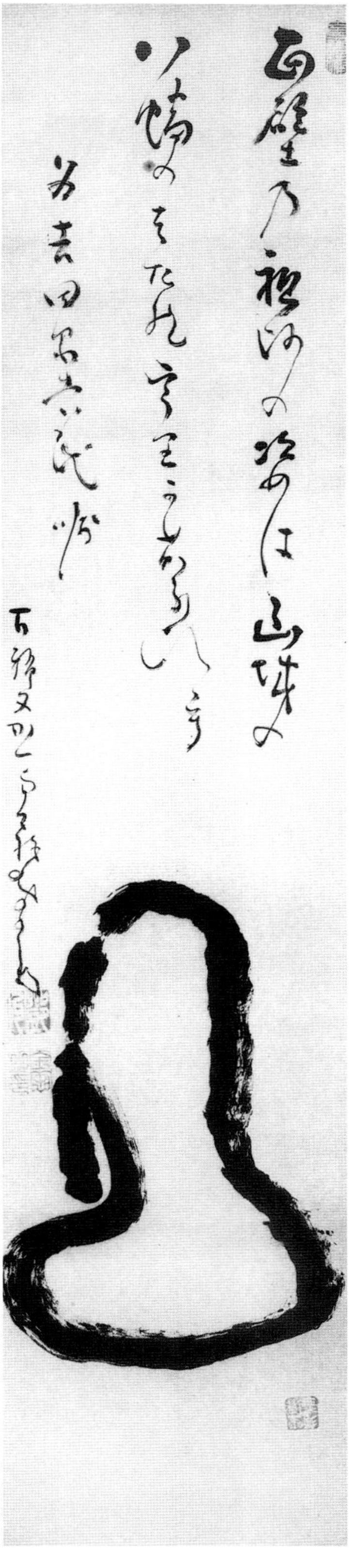

Übung: Sich kümmern

Überlegen Sie sich eine einfache Übung, die aus einer ganz alltäglichen Tätigkeit wie Abwaschen, Aufwischen oder Bettenmachen besteht. Nehmen Sie sich vor, diese Aufgabe mit vollkommener Aufmerksamkeit zu verrichten. Wenn Sie den Abwasch machen, machen Sie einfach nur den Abwasch. Der vietnamesische Zen-Meister Thich Nhat Hanh hat gesagt: »Wir können abwaschen, um sauberes Geschirr zu haben, oder wir können abwaschen, um abzuwaschen.« Dasselbe gilt für alle Tätigkeiten, mit denen wir uns eher achtlos beschäftigen. Versuchen Sie, diese mit einer Achtsamkeit auszuführen, die nicht kritisch, wertend oder analysierend ist, sondern einfach nur darauf abzielt, Sie ganz in diesem Moment zu verankern.

Wenn wir Aufmerksamkeit praktizieren, betrachten wir die Gedanken, die auftauchen, lassen sie los und kehren zum Atem zurück, zur reinen Empfindung oder zu der Tätigkeit, mit der wir uns gerade beschäftigen. Diese Bereitschaft, dahin zurückzukehren, einfach nur das zu tun, was wir tun, während wir es tun, genügt, um unsere Augen zu öffnen und uns wirklich sehen zu lassen. Tatsächlich ist das eine radikal andere Art und Weise, unser Leben zu führen. Wenn wir nicht wirklich sehen, langweilen uns unsere Jobs, unsere Partner und die alltäglichen Dinge unseres Lebens. Dann erfinden wir neue Sportarten und andere Herausforderungen, die unser Interesse wecken sollen.

Der Alltag hat seinen ganz eigenen Kick. Wenn wir vollkommen präsent sind, spüren wir ihn und treten in die Welt hinein. Wir erleben diesen Kick, wenn wir einfach nur einen Lastwagen oder Bus fahren, einen Graben ausheben, ein Haus bauen, unsere Kleider waschen oder den Abwasch machen, aber nur dann, wenn wir die unbekannte Manifestation des Augenblicks nicht mit unserem Vorwissen zudecken. Wir erlauben jeder Erfahrung, das zu sein, was sie ist, und gehen ganz in ihr auf.

Über Jahrhunderte sind Zen-Künstler in ihren Arbeiten immer wieder zu den gleichen Themen zurückgekehrt, und dennoch ist ihr Ausdruck einmalig, frisch, lebendig und erfüllend. Hakuins Bodhidharma ist nicht der, den Sengai gezeichnet hat. Bashos Haikus sind anders als die von Ryokan, obwohl beide Meister immer wieder über dieselben Themen geschrieben haben. Je nach Meisterschaft und Persönlichkeit des Interpreten klingt in demselben Stück für Shakuhachi eine unterschiedliche Stimmung an. Die Teezeremonie besteht aus einem genau vorgeschriebenen Bewegungsablauf, der nicht viel Raum für Spontaneität lässt.

Und doch ist die Ausführung jedes Mal anders. Der Künstler, der die Zeremonie gestaltet, und die Einmaligkeit des Augenblicks ihrer Ausführung verleihen ihr ihren besonderen Charakter. Das gilt für jede Kunst.

Die meisten von uns haben schon Fotos von einem Sonnenuntergang gesehen. Aber es gibt vielleicht nur eine oder zwei unter den hunderten, ja tausenden von Aufnahmen, die uns mit ihrer Kraft berühren. Warum? Was konnte der Künstler einfangen, dass uns dieser Sonnenuntergang unvergesslich wurde?

Meine eigenen Fotografie-Studentinnen und -Studenten beklagen sich immer wieder darüber, dass ihre Aufnahmen eines Sonnenuntergangs nicht zu einem Bild wurden. Ich antworte ihnen dann, dass an ihren Bildern im Grunde genommen nichts falsch ist. Sie haben einfach nur einen Aspekt ihrer Erfahrung fotografiert: das, was sie gesehen haben.

Es gibt Maler, die die Sonne
in einen gelben Fleck verwandeln,
und andere, die, dank ihrer Kunst und Intelligenz,
einen gelben Fleck in die Sonne verwandeln.

Pablo Picasso

Das Zusammenspiel der Informationen, die von unseren Sinnen übermittelt werden, ist uns meist nur andeutungsweise bewusst – das heißt, wenn es uns überhaupt bewusst ist. Wir konzentrieren uns so stark auf unser Sehen, dass wir das, was von den anderen Sinnen kommuniziert wird, eher ignorieren.

Wenn wir auf dem Gipfel eines Berges stehen und den Sonnenuntergang betrachten, sehen wir ganz deutlich die leuchtenden Farben und Formen der Wolken, die über den weit entfernten Bergen liegen. Im selben Moment spüren wir aber auch, wie der warme Abendwind unseren Körper berührt; wir riechen den feuchten Geruch der Bergkiefern; wir hören den Klang der Walddrossel; wir fühlen die kühle Erde unter unseren Füßen. All diese Sinneseindrücke tragen zu unserer Erfahrung des Sonnenuntergangs bei.

Vielleicht müssen wir dann die Kamera vom Sonnenuntergang abwenden und auf unsere großen Zehen oder ein anderes Bild richten, das die Totalität unserer Erfahrung evoziert. Das gilt für alle Künste, nicht nur für die Fotografie. Dem Dichter, der Malerin oder dem Komponisten, die sich nur auf das visuelle Erlebnis des Sonnenuntergangs konzentrieren, entgeht vielleicht das Herz dessen, was tatsächlich erfahren wird.

Aus diesem Grund ist das Sehen mit dem ganzen Körper und Geist so wichtig. Wenn wir uns in dieser ganzheitlichen Art und Weise der Anteilnahme und Erfahrung üben, während wir durch unser alltägliches Leben gehen – wenn wir uns in direkten Kontakt mit der Wirklichkeit begeben –, lassen wir unser normales Sehen, unsere übliche Art zu sein hinter uns und berühren die heilige Dimension unseres Lebens. Um Meister Dogen mit seinen eigenen Worten wiederzugeben: »Im Weltlichen gibt es nichts Heiliges. Im Heiligen gibt es nichts Weltliches.« Gegen Ende des 19. Jahrhunderts schrieb Evelyn Underhill in ihrem Buch *Mystik*:

> Kontemplation ist das Medium des Mystikers. Sie ist für ihn das, was die Harmonie für den Musiker, was Form und Farbe für den Bildhauer und Maler, was der Rhythmus für den Dichter ist: das Vehikel, mittels dessen er das Gute und Schöne am besten wahrnehmen, in Verbindung mit dem Wirklichen treten kann.

Bitte denken Sie daran: Der Mystiker ist kein anderer als jeder Einzelne von uns. »In Verbindung mit dem Wirklichen treten« bedeutet nicht, in irgendeinem esoterischen Geisteszustand zu versinken. Es geht ganz einfach um *Ihren* Geist, hier und jetzt. Kontemplation ist Ihre Fähigkeit, direkt und genau zu sehen. Und es ist die Fähigkeit, das, was Sie sehen – nicht das, wovon Sie *denken*, dass Sie es sehen, sondern das, was *wirklich* ist –, im kreativen Prozess und in Ihrem Leben auszudrücken.

Ich schließe meine Augen, damit ich sehe.

PAUL GAUGUIN

Übung: Erfahren ohne Identifizierung

Bitten Sie jemanden, fünf oder sechs kleinere Gegenstände, die Sie in der Hand halten können, in einen Korb zu legen. Jedes einzelne Objekt sollte über eine andere Oberflächenstruktur verfügen. Nehmen Sie,

一超直入如来地

ohne hinzusehen, einen der Gegenstände aus dem Korb. Erforschen Sie ihn 15 Minuten lang mit Ihren Händen und halten Sie dabei die Augen geschlossenen. Ertasten Sie seine einzelnen Teile, aber verzichten Sie darauf, den Gegenstand zu identifizieren. Machen Sie sich alle auftauchenden Gedanken bewusst, lassen Sie sie los, und kehren Sie zu Ihrem Objekt zurück. Legen Sie es nach einigen weiteren Minuten zurück in den Korb. Wiederholen Sie diese Übung später öfters.

Wenn Sie immer wieder zu dieser Handvoll Gegenstände zurückkehren und sie erforschen, werden Sie die Fähigkeit entwickeln, die Dinge direkt zu erfahren, ohne sie identifizieren zu müssen. Sie können diese Übung dann auf andere Sinneserfahrungen übertragen, auf Bilder zum Beispiel, die auf eine Leinwand projiziert werden, oder auf Klänge. Entwickeln Sie Ihre Fähigkeit, einfach nur zu sehen, einfach nur zu hören, einfach nur zu schmecken, einfach nur zu berühren, einfach nur zu riechen, einfach nur einen Gedanken zu betrachten (das heißt, ohne ihm nachzugehen), ohne diese Erfahrungen notwendigerweise zu benennen oder zu identifizieren. Diese Art der Wahrnehmung wird schließlich auch Ihren künstlerischen Ausdruck beeinflussen.

Fünf

Das Universum vergrößern

Du auch stellst mir Fragen, und ich höre sie.
Ich antworte, dass ich nicht antworten kann …
Du musst es selbst herausfinden.

…

Lange bist du furchtsam gewatet,
an eine Planke dich klammernd, dicht beim Ufer hin.
Jetzt will ich, dass du ein mutiger Schwimmer wirst,
abspringst mitten in die See, wieder auftauchst, mir zunickst,
jauchzt und lachend das Wasser aus deinem Haar schüttelst.

Ich bin der Lehrer der Athleten.
Der, der mir eine breitere Brust als die meine zeigen kann,
beweist nur die Breite der meinen.
Der ehrt meinen Stil am meisten,
der durch ihn lernt, den Lehrer abzutun.

Walt Whitman

In der Kunst drückt jeder Künstler seine einmalige Erfahrung des Lebens aus. Darin besteht das Wesen jedes schöpferischen Tuns. Unsere Kunst bringt etwas hervor, was zuvor noch nicht existiert hat. Wir vergrößern das Universum.

Wenn man einen Apfelkuchen von Grund auf selbst machen will, muss man zuerst das Universum erschaffen.

CARL SAGAN

Der schöpferische Vorgang beginnt mit dem Wunsch, sich auszudrücken. Manchmal entsteht dieser Wunsch ganz langsam, manchmal kommt er plötzlich über uns. Er kann durch unsere Sinne, unsere Gefühle oder auch durch unsere Gedanken ausgelöst werden. Ganz gleich, was die Quelle ist, er kann nur befriedigt werden, indem wir ihm eine Stimme verleihen – egal, ob wir das mit einem Schmerzensschrei tun oder indem wir freudig »Hurra!« ausrufen. Die Kunst funktioniert in ähnlicher Weise: Der kreative Prozess befriedigt unseren Wunsch, unsere Erfahrung auszudrücken. Wenn dieser Ausdruck authentisch ist, werden wir ein Gefühl der Vollendung und Befriedigung verspüren.

Bevor wir uns dem eigentlichen kreativen Prozess zuwenden, ist es hilfreich, einige der grundlegenden Elemente zu verstehen, die darin wirksam sind.

Das erste Element ist die Muse, ein Gefühl der *Inspiration*, das den kreativen Prozess einleitet. Das zweite ist *Hara*, der Punkt in uns, der still und zentriert ist. Dann gibt es *Chi*, die Energie, die sowohl uns als auch

unseren Gegenstand durchdringt. Aus Chi entsteht *Resonanz*, ein Gefühl des Wiedererkennens zwischen Künstler und Gegenstand. Schließlich gibt es den *Vorgang des Sich-Ausdrückens* selbst, wenn der Ausdruck frei vom Künstler in sein Werk fließen kann. Der Künstler macht den Weg frei, und die Kunst kann aus sich selbst heraus entstehen.

Betrachten wir als Erstes die Inspiration. Normalerweise spüren wir sie, wenn unsere Aufmerksamkeit von einem Thema – das mag ein Gefühl oder ein Gegenstand sein – gefangen genommen wird. Die Aufmerksamkeit zieht uns in dieses Thema hinein und dadurch fühlen wir uns »inspiriert.«

In meiner eigenen Arbeit habe ich dieses Gefühl der Inspiration als Muse personifiziert – sie verkörpert meinen Wunsch, mich durch Kunst auszudrücken. Die Griechen schufen eine eigenständige Mythologie um die Musen, neun Schwestern, die den Künsten und Wissenschaften vorstanden. Mich beschäftigen jedoch nicht so sehr Geschichte oder Legenden, sondern wie wir einen Sinn dafür entwickeln können, wenn die Inspiration sich regt, damit wir lernen, sie zu unterstützen, sodass aus ihr ein künstlerischer Ausdruck entsteht.

Keine Muse zeigt sich, wenn sie angerufen wird;
auch dringende Not weckt nicht ihr Erbarmen.

May Sarton

Das nächste Element, Hara, ist nicht nur äußerst wichtig für Zazen, sondern auch dafür, dass wir dieses Gefühl der Inspiration erfahren und bewahren können. Der Prozess, in dem die Inspiration sich deutlich zeigen und in einen kreativen Ausdruck einfließen kann, wird unterstützt, wenn wir die Stille in uns selbst entfalten. Dafür ist Zazen ideal. Suchen Sie sich einen Ort frei von Ablenkungen und sitzen Sie. Richten Sie Ihre Aufmerksamkeit auf das Hara und verfolgen Sie, wie der Atem in den Körper fließt. Stellen Sie sich vor, wie er in das Hara sinkt und sich von dort ausbreitet. Machen Sie sich Ihre Gedanken bewusst, sobald sie entstehen, lassen Sie sie los, und kehren Sie zum Hara und zum stillen Punkt zurück. Versuchen Sie, die auftauchenden Gefühle nicht zu definieren. Fühlen Sie sie einfach nur.

Sobald Sie Ihre Aufmerksamkeit im Hara verankern, wird ein Gefühl der Leichtigkeit und Heiterkeit entstehen. Das ist Chi, die lebendige

Energie, die von der Quelle Ihrer Inspiration geweckt wird. Chi ist Kraft – nicht nur physische, sondern auch spirituelle Kraft. Ein Kunstwerk ohne Chi lebt nicht. Worte ohne Chi sind tote Worte und nicht das, was im Zen »Wendeworte« genannt wird. Wenn unserem Leben Chi fehlt, mangelt es uns an Lebenskraft. Das gesamte Universum ist mit Chi angefüllt. Wenn wir kein Chi haben, haben wir uns vom Universum abgetrennt.

Das Chi eines Lebewesens oder Objekts ist sein »Spirit«. Es ist der Atem, die Lebenskraft, die alles Leben und jede Aktivität hervorbringt und durchdringt. Chi ist flüchtig. Es kann empfunden, aber nicht so leicht definiert werden. Letztendlich kann es nur intuitiv erfasst werden und nicht durch den Intellekt.

Chi kann am besten verstanden werden, wenn wir seine wörtliche Bedeutung betrachten: »Atem«. In der klassischen Philosophie und Theologie waren Atem, Seele und Geist verwandte Konzepte. Der Sanskrit-Begriff *prana*, Griechisch *pneuma*, Latein *spiritus* und Hebräisch *ruwach* haben alle dieselbe Bedeutung wie Chi. In der Genesis atmete Gottvater Leben in den Staub der Erde, und die Menschheit entstand.

Chi ist die kommunikative Verbindung zwischen Künstler und Gegenstand. Im kreativen Prozess wird unsere Aufmerksamkeit vom Chi, das der Gegenstand ausstrahlt, in seinen Bann gezogen. Wenn wir dieses Chi spüren, beginnt sich eine Resonanz mit diesem Gegenstand zu entwickeln.

In der Physik bezeichnet Resonanz die Verbindung zweier vibrierender Schwingungen. Ein klassisches Beispiel ist die Resonanz zweier Stimmgabeln. Eine Stimmgabel wird angeschlagen und erklingt. Wenn eine zweite Stimmgabel in ihre Nähe gehalten wird, überträgt sich die Energie der ersten Stimmgabel auf die zweite, und sie beginnt, in derselben Frequenz zu vibrieren. Diese Energie, die von einer Stimmgabel auf die andere übertragen wird, ist Chi. Es kann in beide Richtungen fließen, vom Gegenstand auf den Künstler und umgekehrt.

Einige der Übungen in diesem Buch haben das Ziel, Sie mit bestimmten Gefühlen in Ihrem Inneren in Kontakt zu bringen, damit Sie sich basierend auf dieser Erfahrung in der freien Natur durch Resonanz zu Ihrem Gegenstand führen lassen können.

Sobald Ihnen ein Gegenstand begegnet, der auf Ihr Gefühl antwortet, ist es wichtig, sich mit dem Prozess des Ausdrucks nicht zu beeilen. Verweilen Sie in der Gegenwart des Gegenstandes, bis Ihre Präsenz registriert wird und Sie spüren, dass eine Verbindung entstanden ist. Der Gegenstand wird sich mit der Zeit verändern, egal, ob es sich um ein

visuelles Objekt oder einen Klang handelt. Wenn Sie genug Geduld aufbringen, damit dieser Prozess des gegenseitigen Erkennens sich entfalten kann, wird der Gegenstand seine unterschiedlichen Facetten zeigen.

Es gibt keinen Ort, an dem man nach der Wahrheit suchen kann.
Obwohl sie direkt unter euren Füßen liegt,
kann sie nicht gefunden werden.
Im Frühling – nach der Schneeschmelze –
sind die Wunden der Landschaft nicht länger verdeckt.

John Daido Loori

Hin und wieder habe ich Stunden mit einem Gegenstand verbracht und darauf gewartet, auf den Auslöser zu drücken. Im wechselnden Licht, und mit der Vertiefung meiner Wahrnehmung konnte ich eine Verwandlung nach der anderen beobachten. Mein Sujet zeigte eine breite Palette von Gesichtern, die anfangs nicht sichtbar gewesen waren.

Während Sie mit dem Gegenstand arbeiten, werden Sie feststellen, dass sein Chi und die Resonanz, die Sie spüren, zunehmen und nachlassen. Es wird Höhepunkte geben und Momente, in denen die Resonanz schwach ist. Stellen Sie sich auf diese Veränderungen ein und bleiben Sie offen; hören Sie auf Ihre Intuition, und werden Sie kreativ, wenn die Resonanz einen Höhepunkt erreicht. Dann beginnt der Ausdruck – sobald Sie den Stift auf das Papier setzen, den Pinsel über die Leinwand führen oder das Bild sich selbst auslösen lassen.

Wenn die Energie wirklich frei fließt, malt der Pinsel ganz von alleine, fotografiert die Kamera, formt sich die Skulptur, schreiben sich die Worte, tanzt der Tanz. Der Schöpfer der Kunst, der künstlerische Gegenstand und der eigentliche Ausdruck fließen in einem einzigen Prozess zusammen, in dem es weder Reflexion noch Bewertung gibt, sondern die Kunst sich einfach selbst manifestiert.

Vor einigen Jahren machte ich eine Pilgerreise nach Point Lobos in Kalifornien, einem Mekka für Künstler, denen Fotografie heilig ist. Ich ging zum Weston Beach – der nach dem Fotografen Edward Weston benannt ist – und stieg in eine kleine Bucht hinab, die wie eine Schale wirkte, auf der winzige Inseln schwammen. Nach und nach fiel der innere Lärm von mir ab. Meine Erinnerungen an den Flug zur Westküste, den Flughafen, die Stadt, die Autobahnen, die vielen Klänge und Gerüche lösten sich in meinem Bewusstsein auf, bis es nur noch die Unmittelbarkeit von Point Lobos gab.

Dann begann der Tanz. Nachdem meine Sinne klar geworden waren, tauchten Bilder auf, langsam zuerst, aber dann mit immer größerer Intensität, bis sie auf mich einstürzten. Ich konnte sie nicht ignorieren: goldener Seetang, der in tief purpurfarbenen Gezeitenbecken schwebte; nasse Felsen, auf denen sich Flechtengraffiti abzeichneten; knochenbleiche Muscheln, die auf einem Bett vielfarbiger Kieselsteine lagerten. Die Bilder tauchten auf und verschwanden und wurden von der Sinfonie der Brandung, der Seelöwen und des Windes, der durch die Felsspalten pfiff, begleitet. Ich verbrachte den ganzen Tag damit, ein Bild, das vor mir erschien, nach dem anderen zu fotografieren. Das war alles, was ich tun konnte, um mit dieser Flut Schritt zu halten.

Solange die Energie des kreativen Prozesses stark ist, solange wird er andauern. Dabei kann es sich um Minuten oder um Stunden handeln. Lassen Sie den Dingen ihren Lauf, solange Sie spüren, wie sich das Chi aufbaut und fließt. Es ist wichtig, diesen Fluss und seinen Ausdruck zuzulassen und nicht in das Geschehen einzugreifen – nichts zu benennen, zu bewerten, zu analysieren oder zu verstehen. Diese Art der Verarbeitung kann später erfolgen. Jetzt ist die Zeit, den Ausdruck frei fließen zu lassen.

Irgendwann geht jeder Künstler in seinem Leben auf Wasser.

Minor White

Wenn Sie damit fortfahren, der Erfahrung im kreativen Ausdruck eine Stimme zu verleihen, wird die Resonanz nach und nach abebben. Der Prozess wird mit einem tiefen Gefühl der Vollendung an ein ganz natürliches Ende gelangen. Dieses Gefühl der Vollendung kann sich auf ein Werk beziehen, das tatsächlich fertig ist, oder auf den Teil eines Werkes, zu dem Sie später noch zurückkehren müssen, um ihn zu bearbeiten. Wenn das Gefühl der Vollendung sich zu zeigen beginnt, ist es wichtig, dies anzuerkennen und sich langsam zurückzuziehen, während die Energie noch präsent ist.

Während meines Aufenthaltes in Point Lobos spürte ich ganz deutlich, wie der kreative Prozess an ein Ende kam. Irgendwann zog sich die Sonne hinter die Wolken, die knapp über dem Horizont standen, zu-

rück, der Wind flaute ab und mit ihm das Geräusch der Brandung. Im schwindenden Licht wurde alles ganz still. Ich machte noch ein paar letzte Aufnahmen und verneigte mich zwischendurch in Dankbarkeit. Als ich mich umdrehte und den Ozean verließ, war ich von einem so reinen Gefühl der Vollendung erfüllt, dass ich nicht mehr zurückblicken musste.

Wenn der kreative Prozess abgeschlossen ist, sollten wir anerkennen, was gerade geschehen ist. Ich verneige mich dann ganz einfach. Sie können sich aber auch eigene Mittel und Wege einfallen lassen, um Ihrer Dankbarkeit Ausdruck zu verleihen. Es ist wichtig, dass wir unsere Dankbarkeit ausdrücken, insbesondere dann, wenn wir zu unserem Werk zurückkehren und die Verbindung, die sich ursprünglich eingestellt hatte, wieder herstellen müssen.

Kunstwerke werden meist nicht in einer einzigen Sitzung abgeschlossen. Die Fotografin muss in der Dunkelkammer wieder an den Gefühlen, die sie erfahren hat, anknüpfen; ebenso der Filmemacher im Schneideraum und die Schriftstellerin beim Überarbeiten. Während der ursprüngliche Ausdruck einfach nur kreativ war, ist die Bearbeitung sowohl kreativ als auch kritisch. Indem wir Überschüssiges wegnehmen, nähern wir uns der Essenz dessen, was wir zeigen wollten.

Der Bearbeitungsprozess beginnt damit, dass wir uns erneut mit dem Gefühl, mit der Resonanz verbinden, die es gab, als das Kunstwerk entstand. Danach nehmen wir langsam und bewusst alle Elemente weg, die nicht notwendig sind, ohne dabei das Gefühl der Resonanz zu stören. Falls die Resonanz schwächer wird, wissen wir, dass wir zu weit gegangen sind.

Wenn ich eine Fotoserie zu einem bestimmten Thema bearbeite, hefte ich sie an eine Wand, an der ich oft vorbeilaufe. Ich betrachte sie dann eher beiläufig, doch mit der Zeit bemerke ich, dass gewisse Bilder einen starken Eindruck in mir hinterlassen. Dann entferne ich alle, die nicht so hervorstechen. Dadurch entsteht ein gewisser Raum zwischen den Fotos, die übrig bleiben. Bestimmte Aufnahmen kommunizieren dann miteinander, und ich ordne sie paarweise an. Diese Paare ziehen wiederum andere Paare oder Einzelaufnahmen an, und nach und nach ergibt sich schließlich eine Serie, in der die ursprüngliche Resonanz der Bilder noch stärker zu spüren ist.

Der gleiche Prozess funktioniert auch bei der Arbeit mit anderen Medien. Es unterstützt den Arbeitsprozess, wenn wir auf das Chi und die Resonanz hören, insbesondere dann, wenn der Geist leer ist und wir unserer Intuition vertrauen.

Nachdem wir unsere Dankbarkeit ausgedrückt haben, ist es ganz wichtig, dass wir alles bewusst und vollständig loslassen – das Sujet, die Gefühle, den Prozess und das, was wir geschaffen haben. Dadurch wird ein unberührter Raum für das bereitgestellt, was Sie als Nächstes tun werden.

Letzten Endes sind alle Elemente, die bisher beschrieben wurden – Muse, Hara, Chi, Resonanz, Ausdruck, Bearbeitung – nichts anderes als das Selbst. Es ist wichtig, ihm zu vertrauen und dem Prozess zu vertrauen. Vertrauen Sie sich selbst. Ihre Art und Weise, die Welt zu erfahren, ist einzigartig. Dieser einzigartigen Erfahrung versuchen Sie, Ausdruck zu verleihen. In der Kunst ist Kritik sicherlich wichtig, aber ihr Platz sollte nicht der kreative Prozess selbst sein und auch nicht Ihre Anstrengungen, Ihre kreativen Fähigkeiten zu entwickeln. Wenn wir uns dem kreativen Prozess widmen, ist es wichtig, frei, ohne Einschränkungen oder Urteile zu handeln.

Wenn Sie die hier beschriebenen Übungen praktizieren, sollten Sie darauf achten, sich keine Ziele zu setzen. Erwartungen stehen der Möglichkeit, etwas zu entdecken, im Wege. Wenn wir versuchen, ein Ziel zu erreichen, halten wir daran fest und verpassen den Prozess. Prozess und Ziel sind dieselbe Wirklichkeit. Jeder einzelne Schritt enthält bereits das Ziel.

Ich denke nie an die Zukunft – sie kommt früh genug.

ALBERT EINSTEIN

Übung: Das ausdrücken, was die Dinge *noch* sind

Wir haben gesehen, dass ein Sujet über viele Facetten verfügt und wollen in dieser Übung bewusst erforschen, was die Dinge noch sind. Dazu werden wir mit den verschiedenen Möglichkeiten, einen Gegenstand zu betrachten, in Kontakt treten. Wir müssen uns nicht von den Namen und Ideen, die wir normalerweise mit einer Sache verbinden, begrenzen lassen. Uns beschäftigt jetzt die Frage: »Was ist real? Was ist die Wirklichkeit?«

Einst gab es einen chinesischen Philosophen mit Namen Zhuangzi. Einmal träumte er, er sei ein Schmetterling, der herum flog und tanzte. Als er aufwachte, wusste er mit einem Male nicht mehr, ob er nun

Zhuangzi war, der eben geträumt hatte, ein Schmetterling zu sein, oder ob er vielleicht ein Schmetterling war, der gerade träumte, Zhuangzi zu sein.

Dies ist eine interessante Geschichte. War es Traum oder Wirklichkeit? Ist alles ein Traum oder Wirklichkeit? Um ein Kunstwerk zu erschaffen, das ausdrückt, was die Dinge noch sind, müssen Sie Ihre Ideen loslassen und sich öffnen, um hinter das Offensichtliche und Bekannte zu blicken. Das heißt jedoch nicht, dass Sie Gesichter in Wolken fotografieren sollen. Es bedeutet einfach nur, dass Sie dem Gegenstand erlauben, seine zahlreichen Facetten zu zeigen.

Wenn Sie einen Baum betrachten, sehen Sie dann den Brennstoff, das Bauholz oder den Stock? Ein Mensch kann zu verschiedenen Zeiten ein Heiler, ein Liebhaber oder ein Elternteil sein. Was ist die Wirklichkeit dieser Person? Was ist der Traum, von dem Zhuangzi spricht? Diese Übung soll Ihnen helfen, seinen Traum in Ihrer Kunst auszudrücken, um die Einheit von Traum und Nicht-Traum, von Wirklichkeit und Unwirklichkeit zu erkennen.

Wandern Sie ohne vorgefasste Ideen über das, was Sie suchen, umher. Erlauben Sie dem Gegenstand, Sie zu finden. Stimmen Sie sich auf Ihre Gefühle ein, und lassen Sie sich von der Resonanz leiten.

Sitzen Sie mit Ihrem Gegenstand, nachdem er Sie gefunden hat, und warten Sie, bis Ihre Präsenz registriert wird. Verweilen Sie länger bei Ihrem Sujet, und erlauben Sie ihm, sich Ihnen zu zeigen.

Du brauchst dein Zimmer nicht zu verlassen …
bleib einfach an deinem Tisch sitzen und horche.
Du brauchst nicht einmal zu horchen, warte einfach.
Du brauchst nicht einmal zu warten, werde einfach still –
und die Welt wird sich offenbaren, um demaskiert zu werden;
sie hat gar keine andere Wahl.
Sie wird sich in Ekstase vor deinen Füßen wälzen.

Franz Kafka

Anfangs werden die bekannten Eigenschaften des Gegenstandes deutlich werden. Es braucht vielleicht etwas Zeit, bis er seine subtileren und mysteriöseren Dimensionen offenbart. Haben Sie Geduld. Seien Sie bereit, mit Ihrem Sujet zu sein, ohne zu wissen, was es ist, ohne

Ihre Ideen auf es zu projizieren. Wenn der Gegenstand zeigt, was er noch ist, werden Sie es im Hara spüren. Es wird nichts sein, was Sie verstehen oder benennen können.

Nachdem Sie gespürt haben, was der Gegenstand noch ist, sollten Sie mit diesem Gefühl in Kontakt bleiben und anfangen, es im Medium Ihrer Wahl auszudrücken. Trennen Sie sich nicht von Ihrer Erfahrung ab, um sie zu beurteilen. Lassen Sie das Sujet sein, was es ist, wie auch immer es sich präsentiert, und lassen Sie Ihren Ausdruck so fließen, wie er will. Bleiben Sie ganz nah bei Ihrer Erfahrung. Wenn Sie fertig sind, danken Sie dem Gegenstand so, wie Sie es für angemessen halten, und lassen Sie ihn los.

Im *Sutra der Berge und Flüsse* sagt Meister Dogen:

> So ist das Gesehene in der Tat unterschiedlich nach der Art des Wesens, welches sieht. Wir wollen dies jetzt genauer betrachten. Ist es wirklich so, dass man ein und dasselbe Ding auf verschiedene Weise sehen kann? Oder ist es ein Irrtum, wenn wir die verschiedenen Erscheinungen für ein und dasselbe Ding halten? An der äußersten Grenze des Bemühens müsst ihr euch noch weiter bemühen. Wenn das obige gilt, mag es eben nicht nur eine oder zwei Arten der Praxis und Erfahrung und des Strebens nach der Wahrheit geben. Die höchste Verwirklichung könnte Tausende von Arten und Zehntausende von Variationen haben.

Sechs

Der Juwelenspiegel

Viele künstlerisch tätige Menschen verbringen ihr Leben damit, Kunst zu produzieren, auszustellen oder zu publizieren, aber sie wissen nicht, wie ihr Publikum ihre Arbeiten wahrnimmt. Professionelle Künstler, die ausgestellt oder publiziert haben, wissen, was die Kritiker über ihre Kunst denken oder ob sie kommerziell erfolgreich sind. Doch wissen sie darüber hinaus, was sie tatsächlich kommunizieren? Welche Empfindungen weckt ihre Kunst? Die gleichen Fragen sind aber auch für all jene wichtig, die ihre Kunst als Hobby ausüben.

Unsere Kunst teilt immer etwas mit, und wir sollten uns bewusst machen, was das ist. Kreatives Feedback gibt Künstlern die Möglichkeit, die Wirkung ihrer Arbeiten zu verstehen – den spürbaren, direkten Eindruck, den sie auf das Publikum haben.

Aus den letzten Kapiteln dürfte klar geworden sein, dass die Beruhigung und Konzentration des Geistes ein Teil der kreativen Wahrnehmung und des kreativen Ausdrucks sind. Jetzt werden wir uns damit befassen, dass sie auch zentrale Elemente eines kreativen Feedbacks darstellen.

Evelyn Underhill, die über die Wahrnehmung der Mystiker spricht, beschreibt die folgende Übung:

> Alles, was verlangt wird, ist, dass wir eine kleine Zeitlang unseren Blick und unsere Aufmerksamkeit ungeteilt auf irgendeinen einfachen, konkreten äußeren Gegenstand richten. Dieser Gegenstand unserer Kontemplation kann irgendein ganz beliebiger sein: ein Bild, eine Statue, ein Baum, eine ferne Hügelkette, eine grüne Pflanze, fließendes Wasser, kleine Lebewesen. ... Blicke also den Gegenstand an, den du gewählt hast! Weise hartnäckig alle Botschaften zurück, die zahllose andere Erscheinungsformen der Welt senden, und konzentriere so deine ganze Aufmerksamkeit

auf diesen einen Akt des Sehens, dass alle anderen Gegenstände vom Bewusstseinsfeld ausgeschlossen sind! Denke nicht, sondern ströme gleichsam deine ganze Persönlichkeit in diese eine Richtung aus, lasse deine Seele in deinen Augen sein! Fast sofort wird diese neue Wahrnehmungsmethode ganz unerwartete Eigenschaften der Außenwelt enthüllen.

Was wir von der Kunst und in ihrer Erfahrung wollen,
ist das Gleiche, was für ihre Produktion notwendig ist:
eine selbstvergessene, vollkommen nutzlose Konzentration.

ELIZABETH BISHOP

Zuerst wirst du um dich eine eigentümliche und immer tiefer werdende Stille bemerken. Sodann wirst du in dem Gegenstand, den du ansiehst, eine erhöhte Bedeutung, ein gesteigertes Dasein spüren. Wie du mit deinem ganzen Bewusstsein dich ihm zuneigst, wird ein antwortender Strom dir entgegenkommen. Es ist, als ob die Schranke zwischen seinem und deinem Leben, zwischen Subjekt und Objekt, hinweggeschmolzen sei. Du bist mit ihm eins geworden, in einem Akt wahrer Kommunikation, und erkennst das Geheimnis seines Wesens tief und unvergesslich.

Viele Jahre später wendete der Fotograf Minor White einige dieser Prinzipien der direkten Wahrnehmung und Kontemplation in seinem Workshop auf einen Prozess an, den er »Kreatives Publikum« nannte. In diesem Buch werden wir uns mit demselben Prozess, so wie er sich in den Lehren des Zen und der Zen-Meditation findet, beschäftigen.

Innres, was ists?
Wenn nicht gesteigerter Himmel …

RAINER MARIA RILKE

Es kann manchmal überraschend sein, was geschieht, wenn wir in unseren Urteilen innehalten und mit den Gefühlen in Kontakt treten, die die

Kunst in uns auslöst. Ich nahm einmal an einer Sitzung für kreatives Feedback teil. Zwei Frauen, Cynthia und Rose, beschäftigten sich mit der Fotografie eines sehr schönen Schaukelstuhls, der vor einem Fenster stand, durch das Licht auf ihn fiel. Rose, die das Feedback gab, beschrieb, dass der Stuhl sie an eine alte Frau denken ließ, die in einer Hand an Arthritis litt.

»Sie hat einen Stock in der Hand«, sagte Rose, »und um ihre Schultern liegt ein Tuch. Außerdem ist sie leicht erblindet.«

Während Rose sprach, begann Cynthia zu weinen. Rose beschrieb nämlich Cynthias Großmutter, eine alte Dame, die vierzig Jahre lang jeden Tag in diesem Schaukelstuhl gesessen hatte. Rose hatte Cynthias Großmutter nie kennen gelernt – sie war vor einiger Zeit gestorben –, aber intuitiv hatte sie sich mit der Tiefe, die in dieser Aufnahme eines Schaukelstuhls enthalten war, verbunden.

Kreatives Feedback ist kein einfacher Prozess. Es bedarf eines tiefen Vertrauens zwischen der Person, die das Feedback erteilt, und der Person, die es empfängt, und es braucht viel Zeit und Geduld, damit dieses Vertrauen entstehen kann. Doch sobald dieser Prozess funktioniert, ist er ein Tor zur Einsicht. Alles, was wir in unserem Leben erschaffen, kann ein großer Lehrer sein. Ein wichtiges Element in diesen Belehrungen ist eine »Gruppe für kreatives Feedback«. Ihre Mitglieder müssen nicht unbedingt Künstler sein. Es können Bekannte und Nichtkünstler sein – alle, die die Bereitschaft haben, sich mit Ihrer Kunst auseinander zu setzen.

In meiner eigenen Arbeit ziehe ich kleine Gruppen vor. Die Gruppe, mit der ich mich über Jahre getroffen habe, bestand aus einigen Kunstkritikern, einer Fotografie-Lehrerin, einem Kunststudenten, einer Schriftstellerin, dem Bauern, der auf der anderen Straßenseite lebte, und meiner Mutter.

Es war sehr aufschlussreich, in einer derart gemischten Gruppe zu sein, denn obwohl das Wissen der Teilnehmer und ihr Interesse an Kunst sehr unterschiedlich war, unterschieden sich die Kommentare, die ich hörte, nicht so sehr voneinander. Meine Mutter zum Beispiel verstand meine abstrakten Aufnahmen nie. Sie sagte immer wieder: »Ach John, du hast so liebe Kinder. Warum fotografierst du nicht sie, anstatt diese albernen Felsen?« Letztendlich entsprachen ihre Gefühle über meine Arbeit jedoch denen, die von den Kritikern und Fotografen ausgedrückt wurden.

Bestehen Sie in Ihrer Gruppe standhaft darauf, dass alle Teilnehmer ihre Gefühle ausdrücken und nicht ihre Ideen, ihre Kritik oder ihre Mei-

nung äußern. Einigen Menschen fällt es schwer, mit ihren Gefühlen in Kontakt zu treten, aber Sie werden sehen, dass der Prozess ihnen helfen wird, sich zu öffnen. Es braucht Zeit, Geduld und Ausdauer, um eine funktionierende Feedback-Gruppe zu entwickeln.

Sie selbst müssen sich als Künstler oder Künstlerin, der oder die eine Rückmeldung erhält, darin üben, wirklich zu hören, was gesagt wird, und die Informationen herauszufiltern, die Ihnen einzig Ihr Publikum geben kann. Künstler haben die Angewohnheit, nur das zu »hören«, was sie aufgrund ihrer vorgefassten Ansichten über ihre Kunst hören wollen, und nicht das, was tatsächlich gesagt wird.

Eine der Fallen einer Gruppe für kreatives Feedback besteht darin, dass Sie auf einmal Kunst machen, die Ihrer Gruppe gefallen soll, anstatt Ihren eigenen Visionen zu folgen. Lernen Sie von der Gruppe, aber gehen Sie weiter, forschen Sie. Machen Sie sich nicht davon abhängig, nach Zustimmung zu suchen. Es ist recht einfach für uns, hart zu arbeiten, bis wir in einer bestimmten Technik eine gewisse Meisterschaft entwickelt haben, nur um dann in eine Routine zu verfallen, weil wir genau wissen, dass wir etwas gut können. Gehen Sie Risiken ein. Einige der wichtigsten Werke wurden von Menschen geschaffen, die es ertragen konnten, abgelehnt zu werden. Experimentieren Sie.

Übung: Kreatives Feedback

Damit kreatives Feedback funktioniert, müssen wir zuerst den stillen Punkt in uns berühren und unsere Aufmerksamkeit vertiefen, bis der Geist entspannt und auf das Hier und Jetzt konzentriert ist. Selbst wenn Sie bereits Zazen geübt und gewisse Fähigkeiten der Konzentration entwickelt haben, trifft das nicht unbedingt auf andere Mitglieder Ihrer Gruppe zu. Diese sollten dann durch einen Prozess der Entspannung und Konzentration geführt werden, bevor sie sich mit der Kunst auseinander setzen.

Was nun folgt, ist ein Beispiel dafür, wie dieser Prozess funktionieren kann. Nehmen Sie in der nächsten Übung die Rolle des Publikums ein, und wählen Sie die Abbildung auf der vorhergehenden Seite als Thema.

Kreatives Feedback ist ein angeleiteter, meditativer Weg der Kunstbetrachtung, und aus diesem Grund sollten Sie die folgenden Hinweise entweder vorher aufnehmen oder sich von jemandem vorlesen lassen, während Sie sich mit dem Bild beschäftigen. Die Anleitung sollte mit langsamer, bedachter Stimme gesprochen werden, und zwischen jedem Schritt sollte genügend Zeit liegen.

Legen Sie das Bild vor sich hin, aber studieren Sie es noch nicht. Sitzen Sie bequem, und entspannen Sie sich vollständig. Schließen Sie als Erstes die Augen, und spüren Sie Ihr Gesicht, vor allem die Muskulatur um die Augen. Achten Sie auf alle Anspannungen, die es vielleicht gibt, und lassen Sie sie bewusst los. Entspannen Sie nun die Kiefermuskulatur, so dass der Unterliefer locker nach unten hängt, und drücken Sie die Zunge sanft gegen den Gaumen. Gehen Sie jetzt in Ihre Nackenmuskulatur. Machen Sie sich alle Verspannungen bewusst, und lassen Sie sie los. Entspannen Sie Rücken, Schultern und Brustkorb.

Machen Sie sich den Atem bewusst. Atmen Sie ohne größere Anstrengung, tief und leicht. Stellen Sie sich vor, wie jedes Einatmen Ihrem Körper Energie zufließen lässt und jedes Ausatmen ihn entspannt. Kämpfen Sie nicht dagegen an, wenn Ihr Geist abgelenkt ist. Betrachten Sie einfach, was er tut, und kehren Sie mit Ihrer Aufmerksamkeit zum Atem zurück.

Lassen Sie jetzt alle Anspannung im Bauch los. Machen Sie sich die Muskeln in Ihren Oberarmen bewusst, und lassen Sie alle Verspannungen los, die Sie dort festhalten. Machen Sie es genauso mit den Unterarmen und der Muskulatur Ihrer Hände. Spüren Sie nun die Muskeln in Ober- und Unterschenkeln und in den Füßen; lassen Sie alle Anspannungen los, die es noch im Körper gibt.

Stellen Sie sich nun bitte vor, dass Sie an einem Teich sitzen. Auf seiner Oberfläche treibt ein weißer Schwan. Alles ist ruhig. Es gibt keine Bewegung. Keinen Wind. Versuchen Sie, diese Stille mit Ihrem ganzen Körper zu spüren. Versuchen Sie, mit dem stillen Ort in sich selbst Kontakt aufzunehmen, der mit dem Teich und dem Schwan verbunden ist.

Richten Sie Ihre Aufmerksamkeit auf das Hara. Fangen Sie an, Energie aus allen Teilen Ihres Körpers auf diesen Punkt zu lenken – aus dem Scheitelpunkt Ihres Kopfes und den Spitzen der Hände und Füße. Konzentrieren Sie die gesamte Energie des Körpers im Hara: Spüren Sie, wie sie sich dort aufbaut. Beginnen Sie nun, diese Energie nach oben, hinter Ihre geschlossenen Augenlider zu lenken.

Wenn Sie bereit sind anzufangen, öffnen Sie die Augen, nehmen Sie das Bild mit einem kurzen Blick wahr, und schließen Sie die Augen wieder. Bleiben Sie still und ruhig. Wie fühlt sich das an? Welche Teile Ihres Körpers sind an dieser Wahrnehmung beteiligt?

Versuchen Sie, das Bild auf der Rückseite Ihrer geschlossenen Augenlider zu sehen, und spüren Sie, was Sie fühlen – nicht, was Sie über das Bild denken, sondern wie Sie es empfinden. Füllen Sie die Teile des Bildes aus, die Sie nicht deutlich erkennen. Bemühen Sie sich nicht zu sehr, es richtig zu machen. Bleiben Sie in Kontakt mit Ihren Gefühlen.

Öffnen Sie jetzt die Augen, und nehmen Sie das Bild als Ganzes wahr. Wie fühlt sich das an – nicht, was Sie über das Bild denken, sondern das, was Sie spüren? Versuchen Sie, alles zu erkennen, was der Künstler zeigen wollte. Fangen Sie an, sich mit Ihrem Blick langsam im Bild zu bewegen. Gibt es darin Teile, die Sie stärker anziehen als andere? Bereiche, die Sie abstoßen? Tasten Sie mit Ihren Augen jeden Bereich des Bildes ab – lassen Sie nichts aus. Halten Sie sich mit Ihrem Urteil zurück. Sehen und empfinden Sie einfach nur. Wenn Gedanken auftauchen, sollten Sie sich diese bewusst machen, sie loslassen und dazu zurückkehren, einfach nur zu sehen, einfach nur zu fühlen.

Stellen Sie sich jetzt vor, dass Sie in das Bild hineingehen, zu einem Teil von ihm werden. Achten Sie darauf, wie es sich von innen anfühlt. Weckt das Bild körperliche Reaktionen? Ist es glatt, heiß oder steinig? Fühlen Sie sich nervös, aufgeregt, entspannt? Fahren Sie einfach damit fort, zu sehen und zu empfinden, ohne zu werten oder zu analysieren. Hören Sie auf Ihren Körper, während Sie von einem Bereich zum nächsten wandern, und achten Sie darauf, wie sich der Grund unter Ihren Füßen anfühlt. Ist er elastisch, glatt, hart, feucht? Gibt es Klänge? Gerüche? Versuchen Sie nicht, Ihre Empfindungen zu verstehen. Gestatten Sie ihnen einfach, durch Sie hindurchzuziehen.

Wählen Sie jetzt einen bestimmten Bereich des Bildes aus, in den Sie hineingehen. Werden Sie zu diesem Bereich. Wie fühlt es sich an, dieser Ort zu sein? Wie sieht der Rest des Bildes aus dieser Position aus? Fühlen Sie sich groß, klein, verängstigt, selbstsicher, müde oder verärgert? Achten Sie auf alle körperlichen Empfindungen. Wie fühlt es sich an, diesen einen Bereich zu verlassen und wieder in das Gesamtbild zurückzugehen?

Was passiert, wenn Sie über das Bild hinausgehen? Wie setzt sich das Bild jenseits seiner Grenzen fort? Spüren Sie Erleichterung, Angst, Furcht oder Freude? Verbringen Sie etwas Zeit außerhalb der Bildgrenzen. Kehren Sie jetzt in das Bild zurück, so wie es ist, und sehen Sie es als Ganzes. Nehmen Sie es noch einmal ganz in sich auf, bevor Sie wieder die Augen schließen und erneut das Nachbild hinter Ihren Augenlidern betrachten. Füllen Sie alle Bereiche aus, die undeutlich sind. Machen Sie sich die Empfindungen bewusst, die es jetzt noch in Ihnen gibt. Verstärken Sie diese Gefühle, und erfahren Sie sie bewusst. Lassen Sie sie jetzt los.

Ziehen Sie Ihre Energie von den Augen weg, und konzentrieren Sie sie im Hara. Spüren Sie, wie die Energie dort zunimmt, bis Sie ein Gefühl der Leichtigkeit, der Wärme oder der Heiterkeit verspüren. Lassen Sie alles bewusst und vollständig los. Lassen Sie Ihr Gefühl los. Lassen Sie das Bild los. Werden Sie sich Ihrer selbst bewusst; nehmen Sie den Raum und die Klänge wahr. Bewegen Sie sanft Ihren Körper, und öffnen Sie die Augen, sobald Sie so weit sind.

Falls Sie sich in einer Gruppe für kreatives Feedback mit einem Künstler befinden, dessen Arbeit Sie betrachten, sind Sie jetzt bereit, Ihre Erfahrungen mitzuteilen. Bleiben Sie bei Ihren Gefühlen. Heben Sie sich Ihre Analyse für ein kritisches Publikum auf. Kritik ist zwar wichtig, aber sie ist ein separater Prozess. Versuchen Sie, dem Künstler oder der Künstlerin alles mitzuteilen, was Sie während des kreativen Feedback-Prozesses erlebt haben.

Am einfachsten ist es, die Anleitungen für kreatives Feedback mit einem visuellen Medium zu erlernen, doch sobald Sie mit dem Prozess vertraut sind, kann er auch auf andere Kunstformen übertragen werden. Bei einem kürzeren Gedicht mag der erste »kurze Blick« ein oder zwei Wörter erfassen, an denen das Auge bei der allerersten Begegnung hängen bleibt. Danach können Sie den ganzen Text lesen oder sich anhören. Als Nächstes können Sie das Gedicht genauer lesen, Zeile für Zeile, und dabei wirklich tief in die Erfahrungen eintauchen, die jedes Bild oder jede Zeile in Ihnen auslöst. Wie fühlt es sich an, wenn Sie sich darin bewegen? Danach wählen Sie eine Passage oder Zeile, in die Sie ganz hineingehen und zu der Sie werden. Gehen Sie schließlich über das hinaus, was auf der Seite steht. Können Sie sich außerhalb des Gedichts bewegen? Setzt es sich in einer ähnlichen Weise fort, oder verändert es sich dramatisch?

Bei einem längeren Text, einer Tanz- oder Musikaufführung ist der erste »kurze Blick« ganz einfach Ihr erster Eindruck, der Übergang von der Stille, bevor das Stück anfängt, zur ersten Bewegung. Machen Sie sich die ganze Zeit über Ihre körperliche Erfahrung bewusst. Erlauben Sie sich, vom Stück berührt zu werden; bewegen Sie sich mit ihm, in ihm. Werden Sie zur Musik, zu den Worten oder zum Tanz, und machen Sie sich alle Empfindungen des Körpers bewusst. Schließen Sie nach dem Ende des Stücks die Augen und sitzen Sie still. Achten Sie auf alle Eindrücke und Empfindungen, die nachhallen, und verstärken Sie diese. Lassen Sie dann alles bewusst und vollständig los, und kehren Sie zu Ihrem Zentrum und zu den Klängen im Raum zurück. Öffnen Sie dann Ihre Augen.

Die Anweisungen für kreatives Feedback über ein Bild sind so gehalten, dass Sie es aus unterschiedlichen Perspektiven betrachten können – nicht nur aus dem, was Ihnen vertraut und bekannt ist. Dieselben Prinzipien der Betrachtung gelten auch für andere Medien, selbst dann, wenn der Prozess nicht so klar strukturiert werden kann. Sie müssen sich den Bewegungen des Werkes öffnen, es sich entfalten lassen, ohne es zu kommentieren oder zu kritisieren.

Diese Art des kreativen Feedbacks erfordert die bewusste Entscheidung, bei der direkten Erfahrung zu bleiben, und nicht in Tagträume, Dumpfheit oder Unaufmerksamkeit abzuschweifen. Vielleicht fällt es schwer, bestimmte Teile des Werks zu empfinden, während andere angenehm sind; versuchen Sie jedoch nicht, ein bestimmtes Gefühl zu verlängern oder zu verdrängen.

Sie können auch nicht-verbales Feedback geben – durch Berührung, Bewegung, Theater oder Pantomime. Seien Sie kreativ. Es geht darum, dass Sie dem Künstler oder der Künstlerin so klar wie möglich mitteilen, was Sie erfahren haben. Eine der stärksten Reaktionen, die ich je erfahren habe, kam von einem Performance-Künstler. Seine kurze Performance konnte die Erfahrung, die er mit meinem Bild gemacht hatte, ganz direkt vermitteln. Als er fertig war, hatte ich keine Zweifel mehr über das, was mein Foto ihm mitgeteilt hatte.

Bitte machen Sie sich bewusst, dass Ihre Kunst und das Publikum in diesem Prozess Ihr Lehrer, Ihr Guru sind – ein Spiegel, in dem Sie sich reflektieren.

> Falls du immer noch nicht verstehst,
> betrachte den September, betrachte den Oktober.
> Blätter von Rot und Gold
> füllen den Bach im Tal.
> JOHN DAIDO LOORI

Sieben

Schranken

Der Große Weg ist torlos;
tausend Straßen führen zu ihm hin.
Wenn Du diese Schranke durchschreiten kannst,
wirst Du dich frei im Universum bewegen.

Aus Wu-Mens Vorwort zu
Die torlose Schranke

Sobald unsere Arbeit im kreativen Prozess sich entfaltet und wir erkennen, wie die Kreativität jenseits der Kunst unser Leben berührt, werden wir feststellen, dass es Schranken gibt, die uns davon abhalten, in einer Weise wahrzunehmen, die frei von Ideen und Vorurteilen ist. Diese Schranken tauchen auf, während wir uns bemühen, in unserer Kunst und den Aktivitäten des Alltags Ausgewogenheit zu finden.

Es ist wichtig, dass wir diese Schranken anerkennen und uns durch sie hindurcharbeiten. Der Wunsch, unsere eigene Freiheit zu finden, so blockiert sie auch sein mag, ist der erste Hauch dieser Freiheit. Wir müssen bereit sein, uns der Schranke zuzuwenden, und mit ihr vertraut werden. Solange wir glauben, dass wir vor ihr davonrennen oder sie verleugnen können, wird die Schranke uns verfolgen.

Das folgende Beispiel beschreibt, was ich mit dem Begriff Schranke meine, wie Schranken unsere Kreativität und das, was wir zu sein glauben, beeinflussen. Es kann eine Schranke sein, wenn wir an einer Idee – zum Beispiel der, was »originell« ist – festhalten.

Mein guter Freund Kaz Tanahashi, ein japanischer Kalligraf, Maler und Übersetzer, leitete im Zen Mountain Monastery 1990 einen Workshop mit dem Titel »Die ursprüngliche – originale – Linie«. Er stellte den Teilnehmern eine auf den ersten Blick sehr einfache Aufgabe: Sie sollten auf einem weißen Blatt Papier eine einzige gerade Linie zeichnen. Nicht einer von ihnen tat, worum Kaz sie gebeten hatte.

»Es war erstaunlich«, sagte er mir später, »sie zeichneten Punkte, Schlangenlinien, Bögen, Kreise. Sogar eine Spirale! Von den 14 Teilnehmern hielt sich nicht ein einziger an die Anweisung. Ich spürte ihren Widerstand, das zu tun, worum ich sie gebeten hatte. Eine Gruppe japanischer Frauen und Männer hätte damit kein Problem gehabt. Sie hätten sorgfältig eine Serie gerader Striche produziert, und einer hätte wie der

開

andere ausgesehen. Amerikaner haben große Angst davor, gleich auszusehen.«

Eine Gruppe japanischer Kalligrafie-Studentinnen und -Studenten hätte vielleicht vor einer anderen Schranke gestanden. Aber für uns wird die Idee der Originalität oft zu einem ganz eigenen Gefängnis, einer bestimmten Art, uns zu fesseln. Es ist ein selbst produzierter Strick. Niemand legt ihn uns um den Hals, und wir sind die Einzigen, die ihn abnehmen können.

Wenn Originalität zu einem Ziel wird, ist sie nicht mehr originell. Dann versucht ein Künstler nur noch, sich von anderen zu unterscheiden. Das Wort Original bedeutet »Ursprung« – »Quelle«. Unterschiedlichkeit bedeutet aber, dass etwas von allem anderen abgetrennt ist. In den Zen-Künsten wird Originalität durch einen langen, anstrengenden Prozess der Selbstdisziplin und der Beherrschung des Mediums erreicht. Erst dann wird Einzigartigkeit ganz natürlich zum Ausdruck kommen.

Ein grundlegender Aspekt der daoistischen Malerei, der in die Zen-Künste eingegangen ist, bestand darin, sich im Wiederholen zu üben. Das daoistische Werk *Der Senfkorngarten – Ein Handbuch der Malerei* ist in mehrere Bücher unterteilt, die sich jeweils mit einem bestimmten Thema befassen: Das Buch der Bäume; das Buch der Felsen; der Menschen und Dinge; der Orchideen; des Bambus; der Pflaumen, der Chrysanthemen; der Gräser; der Insekten und blühenden Pflanzen; der Federn und des Fells sowie der Blütenpflanzen.

Von Lernenden wurde erwartet, dass sie die Übungen in jedem dieser Bücher so lange wiederholten, bis sie diese flüssig und ohne ihr Selbst ins Spiel zu bringen ausführen konnten. Im Buch des Bambus werden zum Beispiel zuerst die Stämme skizziert, dann die Knoten, Zweige und Äste, die aus einem Doppelstamm sprießen, darauf die Blätter und Spitzen der Bambuspflanze, horizontale Äste an jungen Bambuspflanzen, Bambus in Verbindung mit Moos, Gras, Wasser und Felsen sowie Bambusschösslinge. Durch diese Praxis entwickelten die Schüler Technik, Freiheit und ein Vertrauen auf sich selbst, und ohne dass sie sich bewusst darum bemühen mussten, zeigte sich nach und nach ihre Einzigartigkeit und Originalität.

Ich tue immer das, was ich nicht kann,
damit ich es lerne.

Pablo Picasso

清風徐來

Bei Wang Anjie, der den *Senfkorngarten* geschrieben und zusammengestellt hat, heißt es:

> Vor allem müsst ihr hart arbeiten. Taucht den Pinsel immer wieder in die Tusche und reibt den Tuschestein zu Staub. Nehmt euch zehn Tage, um einen Bach zu zeichnen, und fünf Tage für einen Felsen. Schließlich könnt ihr versuchen, die Landschaft am Jialing-Fluss zu malen. Li Sixun brauchte dafür Monate; Wu Daozi einen Abend. In einer späteren Phase könnt ihr dann langsam und mit Bedacht vorgehen oder euch auf eure eigene Geschicklichkeit verlassen. ... Wenn ihr auf Technik verzichten wollt, studiert Technik. Wenn ihr Leichtigkeit vermitteln wollt, arbeitet hart. Wenn ihr Einfachheit vermitteln wollt, meistert Komplexität.

Diese Art der Schulung unterscheidet sich nicht von der Ausbildung der großen Künstler des Westens. Pablo Picassos frühe Werke zeigen ganz deutlich die Disziplin und die Technik, die ihm unter der Anleitung seines Vaters – eines Kunstlehrers – und in den Kunstakademien, in denen er studierte, zuteil wurden. Erst später im Leben zeigten sich seine Einzigartigkeit und Originalität. Originalität entspringt handwerklichem Können, Technik und unermüdlicher Übung, nicht dem Wunsch, aus der Menge hervorzustechen.

Wenn wir mit einem außergewöhnlichen Lehrer studieren, kann es sein, dass unsere Arbeiten plötzlich so wirken wie die des Lehrers. Wir verlieren dann unsere Identität. Mit dieser Schranke musste ich arbeiten, als meine Fotos anfingen, Minors Arbeiten zu imitieren. Minor versuchte uns nie zu sagen, *wie* wir sehen sollten. Wenn er Fotografie lehrte, war es seine Absicht, seine Studentinnen und Studenten frei werden zu lassen, sodass sie ihren eigenen Ausdruck fanden. In meiner Begeisterung, es »hinzukriegen«, bewegte ich mich auf ausgefahrenen Gleisen und versuchte, ein anderer zu sein als der, der ich wirklich war. Dadurch wirkten meine Fotografien mehr und mehr wie die von Minor.

Um mich davon zu befreien, wie Minor wahrzunehmen, musste ich die Schranke bewusst annehmen, und ich fing an, ihn absichtlich nachzuahmen. Ich wählte einige seiner Fotografien aus und reproduzierte ihr Arrangement, ihre Farbkomposition und die Empfindungen, die sie weckten. Diesen Prozess wiederholte ich immer wieder und fand dabei heraus, dass mir das zu verstehen half, wo und wie ich beeinflusst war. Durch diese Einsicht konnte ich in der Arbeit schließlich meinen eigenen Ansatz finden, meinen eigenen Weg des Sehens und Fotografierens.

Manchmal tauchen Schranken auf, wenn wir zu viel oder zu wenig wissen. In einem klassischen Zen-Koan besucht ein Zen-Schüler einen berühmten Meister und Künstler, von dem er lernen möchte. Der Schüler hat viele Fragen, aber er will unbedingt auch einen guten Eindruck hinterlassen. Meister und Schüler setzen sich hin, um miteinander zu reden, doch der junge Mann fällt sofort in einen langen Monolog über seine Meinungen und Ideen, mit dem er offensichtlich sein Wissen, seine Sensibilität und seine altklugen Ansichten herausstreichen will. Der Meister spricht wenig. Er hört vor allem zu und nickt hin und wieder. »Wie wäre es mit etwas Tee?«, fragt der Meister schließlich. Er steht auf, beginnt, eine Kanne Tee zuzubereiten und stellt achtsam zwei Becher hin. Während er dies tut, plappert der Schüler munter weiter. Der Meister gibt Teeblätter in die Kanne und übergießt sie mit heißem Wasser. Während der Tee zieht, ergeht sich der Schüler über die Tradition des Tees und wo man die beste Qualität bekommen kann. Der Meister fängt an einzuschenken und füllt den Becher des Schülers bis zum Rand. Er leert die Kanne immer weiter, bis sich der Tee schließlich aus dem Becher auf den niedrigen Tisch und den Boden ergießt. Bestürzt und ein wenig verärgert wischt der Schüler den Tisch ab. »Was tut Ihr?«, ruft er erregt, »seht Ihr nicht, dass der Becher voll ist?« Der Meister nickt und lächelt. »Wie soll ich dich etwas lehren, wenn dein Becher so voll ist?«

Die, die wissen, sprechen nicht.
Die, die sprechen, wissen nicht.

LAOZI

Konstantin Stanislawski, der große russische Theaterreformer an der Wende vom 19. zum 20. Jahrhundert, sagte einmal: »Liebe die Kunst in dir selbst, nicht dich in der Kunst.« Das fällt vielen Künstlern schwer, besonders darstellenden Künstlern, die viel Aufmerksamkeit auf sich ziehen. Wenn wir zu sehr mit uns selbst beschäftigt sind, kann die Kunst nicht durch uns hindurchfließen. Dann erstarrt unsere Kunst in den Schranken, die wir selbst errichtet haben, oder aber sie verkümmert aufgrund unserer eigenen Gefühle und Ideen.

Kurz nachdem wir das Zen Arts Center 1980 gegründet hatten, lud ich Watazumi Doso ein, über einen längeren Zeitraum bei uns zu lehren. Doso, der damals in seinen späten Siebzigern war, hatte einen tonnenförmigen Oberkörper und war in ungewöhnlich guter körperlicher Verfassung. Sein gewaltiger Brustkorb war das Resultat von vielen Jahren, die er Bambusflöten gespielt hatte, die zwischen zwanzig Zentimeter und zwei Meter fünfundzwanzig lang waren. Doso, ein Meister der *fuke*-Übertragungslinie des Zen, wurde in Japan als nationales Heiligtum verehrt. Er war bekannt dafür, dass er in der Nähe seines Tempels unter einem eiskalten Wasserfall saß und mit seiner Flöte auf den Klang des herabstürzenden Wassers antwortete.

Die Bambusflöte war aus China nach Japan gelangt. Die Fuke-Mönche, die »Priester des Nichts« genannt werden, widmen sich ihrem Spiel. In ihrer Tradition ist die Flöte ein spezielles Mittel der Meditation, das die Praktizierenden darin unterstützt, ihre wahre Natur zu erkennen, und ihre Art des Musizierens verwandelt. Bambuskörbe verdecken ihre Gesichter, wenn sie durch die Straßen laufen und den einen Ton anstimmen, der die ganze Welt erleuchten soll.

Oh wäre meine Mönchsrobe
weit genug,
all die leidenden Menschen
in dieser fließenden Welt
zu bergen.

RYOKAN

Doso sprach zwar kein Wort Englisch, aber ich wusste, dass er einen Weg finden würde, seine Lehren zu vermitteln. An einem Wochenende traf ein recht eitler Philosophieprofessor, ein langjähriger Liebhaber der Bambusflöte, ein, um mit ihm zu studieren. Der Professor holte seine sehr teuere, glänzend polierte Flöte hervor. Dramatisch verneigte er sich vor Doso und sagte etwas zu laut: »Bitte lehrt mich.« Der Übersetzer gab seine Worte weiter. Doso grummelte etwas auf Japanisch. Der Übersetzer antwortete Doso auf Japanisch. So ging es einige Male hin und her, bis Dosos Stimme schroff und fordernd wurde. Daraufhin wendete sich der Übersetzer an den Professor und sagte: »Der Meister sagt, er wird dich lehren. Er sagt: ›Nimm die Bambusflöte und schlage sie dir selbst auf den Kopf.‹« Bevor der Professor reagieren konnte, sprach Doso erneut. Der Übersetzer fügte hinzu: »Der Meister sagt, wenn du sie dir selbst nicht auf den Kopf schlagen willst, sollst du ihm die Flöte geben, und er wird es für dich tun.«

Eine Schranke, die uns ganz besonders herausfordern kann, ist unser Festhalten an unseren Werken. Wenn wir unsere Kunst zu wichtig nehmen, verlieren wir unsere Kritikfähigkeit. Wenn wir dann Arbeiten auswählen, die wir einem Publikum zeigen wollen, halten wir vielleicht an einem Werk fest, dessen einziger Verdienst darin besteht, dass wir es unter großen Anstrengungen hervorgebracht haben.

In meinen ersten Fotoausstellungen fiel es mir schwer, mit Leuten umzugehen, die den Bildern meiner Meinung nach nicht die Zeit schenkten, die sie verdienten. Ich hatte eine gewisse Selbstgefälligkeit. Ich sah eingebildete »Kunstkenner« durch die Galerien schlendern, die kaum einen Blick auf die Bilder warfen, mir aber versicherten, wie wunderbar sie sie gefunden hätten.

Einmal war ich so aufgebracht, dass ich mich weigerte, einem Mann eine Fotografie zu verkaufen, der sie, wie ich fand, nicht zu schätzen wusste. Der Besitzer der Galerie drängte mich verständlicherweise, sie zu verkaufen – schließlich kaufte ich sie selbst, nur um sie nicht in die Hände dieses Mannes fallen zu lassen.

Als ich schließlich einsah, wie schmerzhaft es war, zu sehr an meinen Fotografien festzuhalten, wurde ich von dieser Tortur erlöst. Ich fing an, die Nächte vor einer Ausstellung mit meinen Bildern zu verbringen und still bei ihnen zu sitzen. Ich dankte ihnen für das, was ich von ihnen gelernt hatte, als ich an ihnen arbeitete, und ließ sie mit einer Verbeugung los. Das half mir, mich nicht länger als ihr Schöpfer, sondern als ihr zeitweiliger Bewahrer zu fühlen.

Wie ich bereits gesagt habe, müssen wir mit einer Schranke vertraut werden, um mit ihr arbeiten zu können. Aber was passiert, wenn uns die Schranke noch nicht einmal bewusst ist? Wie können wir damit umgehen? Auch hier ist kreatives Feedback unschätzbar. Es kann Ihnen Ihre blinden Flecken aufzeigen, das, worin Sie festsitzen. Es ist schwierig, alleine durch diesen Prozess zu gehen, ohne Lehrer oder jemanden, der uns zur Einsicht in unsere Kunst verhelfen kann. Das wäre so, als wollte das Auge sich selbst betrachten.

Während einer meiner Fotoexkursionen an den Delaware River stieß ich auf einen wunderbaren Platz an einem Wasserfall, der von zwei ungewöhnlichen Felsformationen begrenzt wurde. Ich war vollkommen allein und spürte einen tiefen Frieden in mir und in der Landschaft, die mich umgab. Ich freute mich, diese Felsen gefunden zu haben, denn ich war überzeugt, dass es etwas Besonderes in ihnen zu sehen und von ihnen zu lernen gab. Ich war gerade damit beschäftigt, meine Ausrüstung aufzustellen und zu fotografieren, als die Geräusche von lachenden Menschen an mein Ohr drangen. Zuerst versuchte ich, sie zu ignorieren, aber dann siegte meine Neugierde, und ich folgte dem Bach, um zur Quelle des Lachens zu gelangen.

Ich kletterte auf einen niedrigen Hügel, der aus übereinander geschichteten Felsblöcken bestand. Auf der anderen Seite war eine Gruppe junger Männer und Frauen, die nackt im Wasser plantschten. Sie spritzten sich gegenseitig nass und rauften miteinander. Ich kehrte zu meiner Arbeit zurück und dachte nicht mehr an sie.

Später, in der Dunkelkammer, entwickelte ich die Fotos und stellte eine Serie von Arbeitsabzügen zusammen, mit der ich zufrieden war. Am selben Abend bat ich einige meiner Fotografie-Studentinnen und -Studenten, mir kreatives Feedback zu diesen Aufnahmen zu geben. »Oh, diese Felsen sind so sinnlich«, sagte eine Frau, »sie sind so anziehend und verlockend.« »Sehr sexy«, meinte jemand anderes. »Wovon um Himmels willen reden alle hier?!«, dachte ich, »erkennen sie nicht die spirituelle Dimension, die in diesen Aufnahmen steckt?« Von allen erhielt ich ähnliche Rückmeldungen. Auch wenn ich anfangs nicht mit ihnen übereinstimmte, hatte ich gelernt, dem Feedback zu vertrauen. Es war ein Schock, als ich begriff, dass ich nicht so »leer« gewesen war, wie ich gedacht hatte, als ich fotografierte. Die Bilder der Badenden waren in mein Unterbewusstes eingedrungen und damit auch in die Aufnahmen, die ich machte.

Für jede Kunst gilt, dass man nicht erreichen kann,
was man nicht empfunden hat.

Gustie Herrigel

Durch dieses Feedback wurde mir deutlich, dass meine Gedanken über Sinnlichkeit und Spiritualität etwas durcheinander geraten waren. Das wurde für mich zu einem visuellen Koan. Ich begann, ganz bewusst sinnlich-abstrakte Bilder mit unbelebten Gegenständen zu machen. Ich

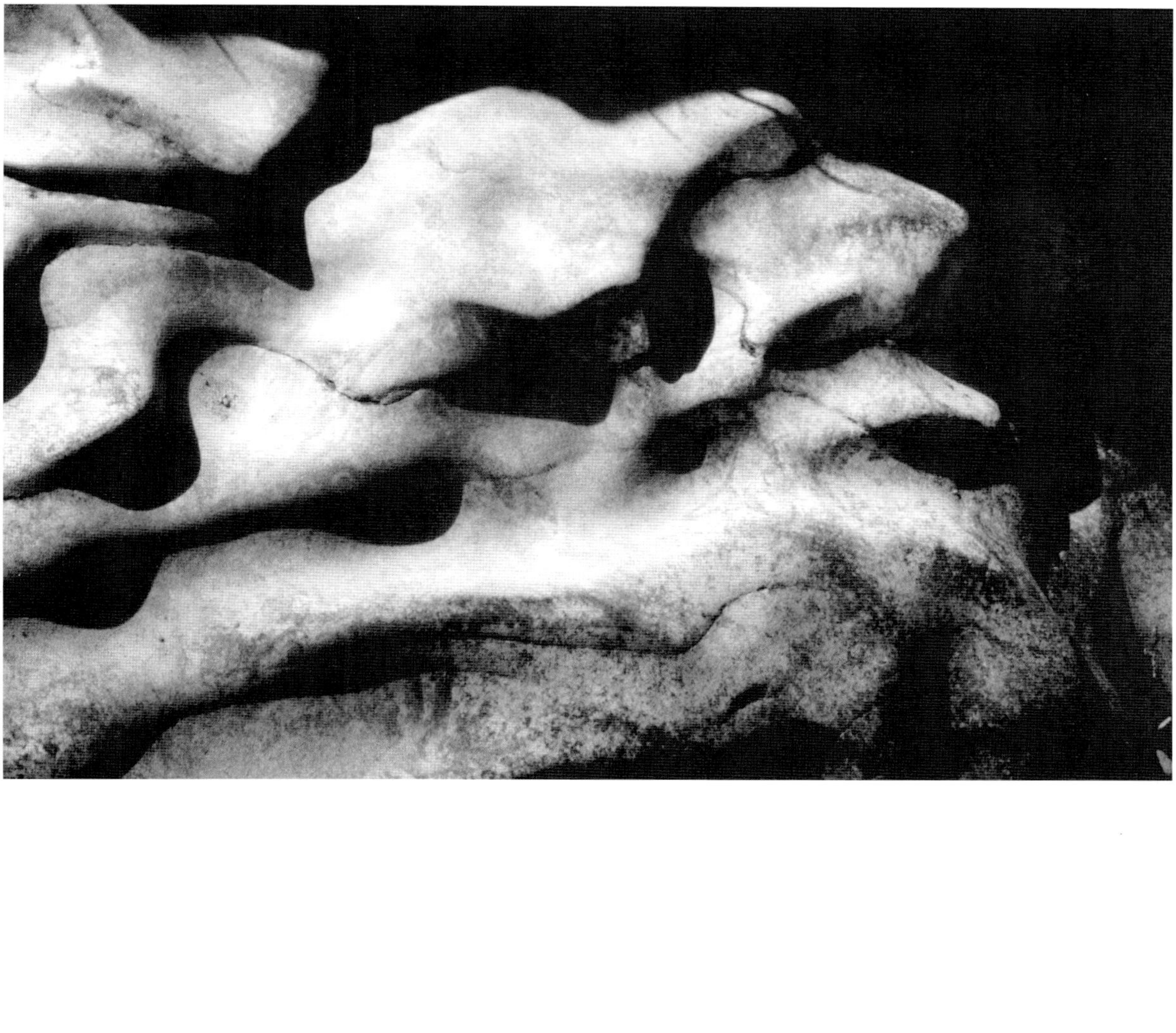

fuhr damit fort, bis das Feedback der Betrachter mit meinen eigenen Empfindungen übereinstimmte. Durch diesen Prozess kam ich mit den Gefühlen in Kontakt, die tief in meinem Geist verborgen waren, während ich fotografierte.

Ein anderes Mal konnte ich in der gleichen Weise mit einem Aspekt meiner Persönlichkeit arbeiten, der eine noch größere Herausforderung darstellte. Ich bat eine Frau, mit der ich zu einem Date verabredet war, mir Feedback zu einer Fotoserie zu geben, die ich gerade entwickelt hatte. Wir hatten uns beide in Schale geworfen und wollten miteinander Abendessen gehen, aber die Fotos beschäftigten mich, und deshalb bat ich sie, einen kurzen Blick darauf zu werfen und mir zu sagen, was sie darüber dachte. Sie öffnete die Mappe und blätterte durch die Seiten. Plötzlich fing sie an zu weinen. »Wieso machst du immer so zornige Bilder?!«, rief sie, warf die Aufnahmen auf den Tisch und stürmte aus dem Zimmer. Das war das Ende unserer Verabredung. Verdutzt betrachtete ich die Bilder. Ich konnte mir nicht vorstellen, wieso sie diese Wirkung auf sie hatten.

Später in der gleichen Woche zeigte ich die Aufnahmen meiner Gruppe für kreatives Feedback und erhielt dieselbe Rückmeldung. Ich erinnerte mich dann, dass der Tag, an dem ich fotografiert hatte, voller Frustrationen und Schwierigkeiten gewesen war. Ein kommerzieller Auftrag hatte sich als sehr problematisch erwiesen. Als ich dann alleine loszog, um zu fotografieren, nahm ich diese Gefühle mit. Obwohl ich mir selber einredete, dass das, was ich sah, dynamisch und spannend war, hatte ich es doch mit meinem eigenen Ärger angefüllt. Ich konnte das nicht sehen, aber mein Publikum spürte es ganz deutlich. Auch das war eine Schranke, mit der ich arbeiten musste. Ich begriff, dass ich mir meinen Zorn bewusst machen musste. Wenn ich ihn je loslassen wollte, musste ich ihn ganz bewusst abbilden, ihn spüren und in meinen Fotografien erkennen.

Schranken tauchen im kreativen Prozess als Reaktionen auf schmerzhafte Erfahrungen auf und bieten ein fruchtbares Feld, um uns selbst zu studieren. Im Grunde genommen ist der Prozess immer der gleiche: Der einzige Weg, die Schranke zu überwinden, besteht darin, zur Schranke zu *werden*. Wenn wir jedoch mit etwas konfrontiert werden, was wirklich weh tut, ist das das Letzte, was wir wollen.

Die Liturgie des Zen bietet mit den Gedächtnis-Gedichten, die bei Begräbnissen gesprochen werden, ein Modell, um mit diesem Dilemma zu arbeiten. Im Kern drücken sie das Dharma, die Lehre des Buddha aus. Wenn die Person, die der Begräbnisfeierlichkeit vorsteht, ein Gedächtnis-Gedicht rezitiert, beschreibt er oder sie den Menschen, der gestorben ist; sie drückt die Gefühle aus, die wir nur schwer zulassen können, aber auch die Lehren, die im Leben und Tod des Verstorbenen verkörpert sind.

Als mein guter Freund, der Dichter Allen Ginsberg, starb, rezitierte ich bei seinem Begräbnis das folgende Gedicht:

> Schillernde Worte liegen immer noch wie Staub auf der Landschaft;
> sie folgen der endlosen Brise des Frühlings wie Pollen,
> die Berge und Flüsse gleichermaßen besamen.
> Das Bündel aus Haut ist hier,
> doch wo ist das, was nur schwer zu finden ist?
> Ah h h h h h h h h h h!
> Erzittere, oh Grab –
> der Klang des tosenden Flusses
> ist das Geheul deiner Stimme.
> Ungeboren,
> unerloschen,
> unverstummt.

Vor vielen Jahren musste ich nach einem Workshop über achtsame Fotografie, den ich gegeben hatte, an intensiven Gefühlen arbeiten, die sich in mir festgesetzt hatten und mich verfolgten. Ein Zeitschriftenredakteur war mit seinem 17-jährigen Sohn gekommen, um einen Artikel über diesen Workshop zu schreiben. Sie trieben sich auf dem Gelände herum, aber schließlich wurde ihr Interesse an dem Workshop geweckt, und sie nahmen daran teil. Ich gab allen eine Aufgabe und die Teilnehmer gingen in den Regen hinaus, um zu fotografieren. Etwa eine Stunde später kam einer von ihnen aufgelöst zum Haus zurück gerannt. Der Junge war von einem Baum gefallen und kopfüber auf eine Steinmauer aufgeschlagen.

Als ich zu dem Jungen kam, lag er im Sterben. Blut trat aus seinen Ohren, und ich nahm an, dass sein Schädel gebrochen war. Ich konnte seinen Puls nicht mehr fühlen, und anscheinend atmete er auch nicht mehr. Der Rettungswagen war bereits unterwegs, aber wir waren sehr abgelegen, und ich wusste, er würde mindestens eine halbe Stunde brauchen. Ich versuchte, den Jungen wiederzubeleben, während der Vater weinend hinter mir stand.

Der Junge war etwa so alt wie mein Sohn, und ich konnte selber spüren, wie der Vater sich fühlte. Ich weinte, während ich auf seine Brust drückte und ihm Luft einatmete. Nach wenigen Minuten wusste ich, dass er tot war. Ich spürte keinen Herzschlag mehr. Aber sein Vater rief: »Rette ihn! Rette ihn!«, und so machte ich weiter, bis der Krankenwagen eintraf und ich schließlich zur Seite treten konnte.

Ich war erschöpft, und doch versuchte ich, den Vater so gut ich konnte zu trösten und den Workshop zu Ende zu führen. Alle standen unter Schock, und ich bemühte mich, den Teilnehmern zu helfen, das, was geschehen war, zu verstehen und loszulassen. Da ich jedoch die Rolle des Lehrers einnahm, konnte ich dasselbe nicht für mich tun. Um für den Vater und die Kursteilnehmer da zu sein, spaltete ich mich von dem ab, was ich fühlte.

Nach dem Workshop verfolgten mich Alpträume von gespaltenen Köpfen und aufgerissenen Mündern. Dann tauchten diese Bilder auch im Wachzustand auf. Ich versuchte alles, aber ich konnte sie nicht abschütteln. Ich meditierte über die Gefühle, die der Tod des Jungen in mir ausgelöst hatte – den Schock und die Hilflosigkeit. Ich versuchte, all die aufgestauten Emotionen abzubilden, aber etwas in mir sperrte sich dagegen. Das dauerte ungefähr ein Jahr, bis ich eines Tages das tiefe Gefühl hatte, ich müsse nach Cape Cod reisen, um zu fotografieren. Als ich dorthin fuhr, trug ich noch immer das Bild des toten Jungen mit mir herum.

Für den Fotografen, den Er sich ausgewählt hat,
steht der Geist immer lange genug still.

MINOR WHITE

Ich verbrachte eine Woche damit, am Strand Zazen zu sitzen und in der Gegend zu fotografieren. Eines Morgens, als ich gerade Zazen saß, wurde ein totes Meerestier, das die Größe eines Kopfes hatte und auch so wirkte, direkt vor meine Füße gespült. Es war ebenmäßig rund und hatte ein weit aufgerissenes Maul. Ich ging sofort hin und begann, langsam zu fotografieren. Ich verbrachte viele Stunden mit dem toten Tier, und als ich das letzte Foto machte, lösten sich in mir im gleichen Moment, als ich auf den Auslöser drückte, all die bedrückenden Gefühle, die ich verspürt hatte. Dank des Geschenks des Meeres, das es mir erlaubt hatte, meine Gefühle auftauchen zu lassen und auszudrücken, konnte ich den Tod des Jungen nach langer Zeit endlich loslassen.

Diese Erfahrung verdeutlichte mir, dass wir die Arbeit an unseren Schranken nicht forcieren können. Wir müssen unseren Gefühlen und dem natürlichen Timing des Körpers vertrauen, auch dann, wenn wir uns im kreativen Prozess um ein Loslassen bemühen. Zeit und Geduld sind die Schlüssel.

Kunst-Koans sind ganz eigene Mittel und Wege, um uns mit unseren Schranken zu konfrontieren – sie machen sie sichtbar, sodass wir im kreativen Prozess mit ihnen arbeiten können. In der Auseinandersetzung mit Koans muss der intuitive Aspekt unseres Bewusstseins angesprochen werden, damit wir tiefen Einblick in das Problem, das uns beschäftigt, gewinnen können.

Wir können unsere Schranken ganz bewusst zu Kunst-Koans machen. Sobald die Kunst-Koans sich mit der Einsicht verbinden, die wir in der Gruppe für kreatives Feedback erhalten, werden sie zu einem effektiven Werkzeug, um unsere Schranken zu durchbrechen.

Obwohl Koans an der Oberfläche paradox wirken, gibt es in Wirklichkeit keine Paradoxa. Ein Paradox existiert nur in der Sprache, in den Worten und Ideen, die die Wirklichkeit beschreiben. Koans überschreiten Wörter und Ideen und vermitteln eine direkte, tiefe Erfahrung. Ein Bündel voller Informationen ist keine Antwort auf ein Koan. Die Lösung findet sich in der eigenen tiefen und direkten Erfahrung des Universums mit seinen unzähligen Facetten. Indem sie die Anstrengungen des Intellekts durchkreuzen, demontieren Koans die übliche Manier, in der wir Probleme lösen und eröffnen neue Dimensionen des menschlichen Bewusstseins.

Durch die Kraft, mit der
er ins Wasser springt –
kann der Frosch schwimmen.

TOREI ENJI

Im traditionellen Koan-Studium ist die Beziehung zwischen Lehrer und Schüler oder Schülerin von zentraler Bedeutung. Der Lehrer, die Lehrerin ist nicht nur der Gradmesser für das eigene Verständnis, sondern er oder sie gibt uns auch wertvolle Unterstützung bei der Lösung des Koan – nicht dadurch, dass wir erklärt bekommen, wie wir das Koan verstehen sollen, sondern durch ein geschicktes, direktes Aufzeigen.

In der Arbeit mit Kunst-Koans wird der Lehrer durch die Gruppe für kreatives Feedback ersetzt. Wenn wir wirklich bereit sind, auf das zu hören, was die Gruppe uns mitteilt, werden wir auf eine phantastische Quelle der Einsicht in das Wesen unserer Schranken stoßen. Kunst-Koans können nicht intellektuell gelöst werden. Es ist wichtig, dass wir nicht versuchen, sie mit dem Verstand zu begreifen. Machen Sie sich einfach die Gefühle bewusst, die ausgedrückt werden wollen. Sitzen Sie mit der Schranke, werden Sie zu ihr. Sitzen Sie mit der Frage, nicht mit der Lösung.

Die Praxis des Kunst-Koan: Drücken Sie Ihre Schranke aus

In uns allen gibt es Schranken – sie reichen von kleinen Hindernissen, die uns manchmal im Wege stehen, bis hin zu mächtigen Schranken, die unsere Aktivität und unsere Entwicklung hemmen. Letztere zeigen sich als Angst, Unschlüssigkeit, Zorn und Vorurteile. Für diese Übung schlage ich Ihnen vor, eine Schranke zu wählen, die besonders stark und beständig ist, eine, die Sie leicht durch die Gefühle identifizieren können, die sie in Ihnen auslöst.

Sitzen Sie mit diesem Gefühl, bis Sie es deutlich in Ihrem Körper und Geist spüren können. Konzentrieren Sie das Gefühl im Hara; machen Sie es zu einem Führer und die Resonanz zu einem Kompass. Finden Sie den Raum und den Gegenstand, mit dem Sie arbeiten wollen, und drücken Sie die Schranke aus. Vermeiden Sie es aber, einfach nur Ihr Gefühl zu bebildern. Malen Sie kein Gewitter, um Ihren Zorn, keine schöne Blume, um Ihr Glücksgefühl auszudrücken. Graben Sie tief, und nehmen Sie wirklich Kontakt mit Ihren Gefühlen auf. Finden Sie dann einen Gegenstand, der dieselben Gefühle in Ihnen weckt.

Auch diesmal ist es wichtig, dass Sie beides, Ihre Gefühle und die Kunst, loslassen, bevor Sie Ihre Arbeit der Gruppe für kreatives Feedback vorlegen und jede Rückmeldung als eine Unterweisung annehmen. Mit diesem Feedback können Sie dann zu Ihrer Praxis zurückkehren, sie weiterentwickeln und vertiefen. Mit jedem folgenden Werk, das Sie schaffen und mit der Gruppe teilen, sollte es eine weitergehende Entwicklung in Ihrem Verständnisses der Schranke geben – wie sie funktioniert, wie Sie sie ausdrücken und wie sie Ihre Kunst beeinflusst. Diesen Prozess sollten Sie so lange fortsetzen, bis Sie diese Schranke in sich selbst zufriedenstellend verstanden haben.

Wenn wir in dieser Weise geduldig mit den Schranken, die es in unserem Leben gibt, arbeiten, ist es auch wichtig zu verstehen, dass unsere Arbeiten möglicherweise von privatem Charakter sind und nicht ausgestellt oder publiziert werden sollten. Auch wenn es sehr wertvoll ist, Freunde oder Lehrer zu haben, die Ihnen kreatives Feedback geben können, werden Sie manchmal feststellen, dass das, was Sie geschaffen haben, eine bedrückende Wirkung haben kann. Ihr Publikum könnte sich leer fühlen, nachdem es gewisse Fotografien oder Gemälde von Ihnen gesehen hat oder Sie ihm einen Ihrer Texte vorgelegt haben. Diese Werke sollten Sie vielleicht nicht vorstellen. Manche Bilder wirken bedrückend, andere unterstützend. Wir fühlen uns bereichert, wenn wir mit Kunst in Kontakt kommen, die uns unterstützt, irgendwie größer als vorher. Das soll kein Argument für »Wohlfühl-Kunst« sein, aber es ist wichtig, dass wir darauf achten, welche Wirkung unsere Kunst auf das Publikum haben könnte.

Die Praxis des Kunst-Koan:
Das Licht der Liebe

Drücken Sie Ihre Liebe durch Licht aus. Entwickeln Sie mit visuellen Mitteln oder der Sprache ein Bild für das Gefühl der Liebe, die Sie für einen Menschen, einen Ort oder eine Sache empfinden. Dabei sollten Sie das Gefühl selbst ausdrücken, nicht einfach nur die Sache, die Sie lieben.

In dieser Übung geht es darum, Licht so einzusetzen, dass es Ihre Erfahrung der Liebe ausdrückt. Finden Sie ein Sujet, das sich mit dem Gefühl der Liebe, so wie Sie es verspüren, in Resonanz befindet – ein Gegenstand, der aufgrund von Form, Klang, Farbe, Gestalt oder des Kontextes, in dem er steht, das Gefühl der Liebe in Ihrem Publikum auslöst.

Viele unserer Vorstellungen über die Liebe sind von unserer Kultur und Gesellschaft geprägt. Aber was ist die Liebe wirklich? Was ist Liebe, wenn der Gegenstand unserer Zuneigung abwesend ist? Ist der Ort dieses Gefühls in Ihnen oder außerhalb? Ist Liebe Besitz, Kontrolle, sexuelle Erfüllung, Respekt, Bewunderung? Ist sie freudig, hasserfüllt, exstatisch? Ist die Liebe für die Eltern, ein Kind, eine Geliebte, ein

Haustier oder ein Haus dasselbe Gefühl oder ein anderes? Denken Sie daran: Es geht in dieser Übung nicht darum, ein Postkartengefühl der Liebe zu erzeugen, sondern um den Ausdruck Ihrer persönlichen, direkten Erfahrung.

Stellen Sie sich diese Fragen, während Sie an dem Koan arbeiten. Setzen Sie Licht so ein, dass es das Gefühl der Liebe vermittelt. Sobald der Arbeitsprozess abgeschlossen ist, danken Sie Ihrem Gegenstand, und lassen Sie ihn los. Legen Sie Ihre Arbeit der Gruppe für kreatives Feedback vor, und hören Sie auf ihre Kommentare, um zu verstehen, was Sie kommunizieren. Wiederholen Sie diese Koan-Übung nach einigen Tagen, bis Sie Ihr Gefühl der Liebe klar und deutlich ausdrücken können.

Dies ist nur die Spitze des Eisbergs. Was wir hier versuchen, kann genauso auf Gefühle der Furcht, der Angst, des Zorns, auf Blockaden der Kreativität und Spannungen in Beziehungen angewendet werden – auf alles, was als Hindernis in Ihrem Leben steht. Lernen Sie, es als Kunst-Koan zu formulieren. Gehen Sie an die Arbeit.

Teil III

Kunstlose Kunst

Wer sagt, meine Gedichte seien Gedichte?
Meine Gedichte sind keine Gedichte.
Wenn du verstanden hast,
dass meine Gedichte keine Gedichte sind,
dann können wir beginnen,
über Gedichte zu reden.

RYOKAN

Acht

Die Ästhetik des Zen

Bisher haben wir mit einer Reihe alter und moderner Übungen und Lehren gearbeitet, die ihren Ursprung in den Zen-Künsten haben. Sie prägen und reflektieren eine für das Zen einzigartige Ästhetik, die zu verstehen sich schon Generationen von Kunsthistorikern und Analytikern zur Aufgabe gemacht haben.

Durch Zazen können wir erkennen, dass eine bestimmte Energie, Chi, zu fließen beginnt, sobald sich der Meditationsprozess vertieft, was letztendlich zu einem Zustand führt, der Samadhi genannt wird, dem »Abfallen von Körper und Geist«. Wenn wir diese Energie entwickeln, verwandelt sich absolutes Samadhi in aktives Samadhi, das unsere Tätigkeiten durchdringt. Dies wird auch als die Aktivität des »Nicht-Geistes« bezeichnet, ein Aspekt, der die Zen-Ästhetik charakterisiert.

Nicht-Geist verfolgt keine Absicht. Jede Aktivität, was immer es sein mag, ist weder erzwungen noch gekünstelt. Ohne bewusste Anstrengung, ohne Planung schlüpft die Kunst einfach durch den Filter des intellektuellen Denkens. Dieser Aspekt des Nicht-Geistes wird manchmal auch das Handeln des Nicht-Handelns genannt. Er entspricht der daoistischen Vorstellung von *wu-wei*, einem kontinuierlichen Strom der Spontaneität, der sich aus dem Rhythmus der Umstände ergibt.

Diese Qualität zeigt sich ganz deutlich in der Malerei und Lyrik des Zen. Auch in den Kampfkünsten ist sie von zentraler Bedeutung. Sobald eine Absicht existiert, gibt es Erwartungen.

Erwartungen sind lebensfeindlich, da sie uns von der Wirklichkeit abtrennen. Wenn wir über uns selbst hinaus denken, verlassen wir diesen Moment. Nicht-Geist lebt in diesem Moment, ohne Sorgen oder Projektionen. Aber auch Zögerlichkeit und übergroße Vorsicht werden in unserer Kunst sichtbar sein, wenn wir den Moment verpassen. Die Worte in einem Gedicht, die Töne der Flöte werden dann nicht fließen. Das Blumengesteck wird gekünstelt wirken und kein natürliches Abbild der Natur sein.

Der Zen-Kreis der Erleuchtung, den der Mönch Torei Enji (1720–1792) gezeichnet hat, ist von dieser Qualität des Nicht-Geistes durchdrungen. Torei war einer der wichtigsten Schüler Hakuins. Sein Kreis ist plump und geschlossen, ohne den charakteristischen Spalt, den diese Kreise normalerweise haben. Er ist ungleichmäßig – an einigen Stellen ist er dick, an anderen schmal, aber auch kühn und packend. Er hat nichts Erzwungenes oder Gekünsteltes. Er vermittelt ein Gefühl der Leerheit, aber zugleich auch eines der Fülle und Unbegrenztheit. Das Gedicht, das die Zeichnung begleitet, lautet: »Im Himmel und auf Erden bin ich allein der Erhabene.« Diese Worte soll der Buddha bei seiner Geburt gesprochen haben. Sie sind Ausdruck seiner Einsicht in die Einheit mit der Totalität des Universums, in der es weder Subjekt noch Objekt, weder Selbst noch andere gibt – in der dieser Moment Raum und Zeit vollständig ausfüllt. Das ist Nicht-Geist.

Der Ansatz des Nicht-Geistes in der Kunst hat Werke hervorgebracht, die sich nicht durch die üblichen Merkmale sakraler Kunst wie Perfektion, Eleganz, Formalismus und Heiligkeit auszeichnen. Die sakralen Künste des Zen streben nicht nach diesen Idealen, sondern sie sind unvollkommen und weltlich. Gerade durch ihre Profanität gehen sie über Perfektion und Heiligkeit hinaus.

Der große Zen-Meister Rinzai (Chin.: Linji) sagte: »Anhänger des Weges, wenn ihr das Verständnis erlangen wollt, das mit den Lehren übereinstimmt, dann lasst euch nie durch andere beirren. Was immer euch begegnet, ob ihr nun nach innen oder nach außen blickt, tötet es. Wenn ihr einen Buddha trefft, tötet den Buddha.«

Natürlich dürfen wir »töten« hier nicht wörtlich verstehen. Es bedeutet, etwas zu beenden oder anzuhalten. Sich nicht durch Konventionen, Vorläufer oder Regeln kontrollieren zu lassen, sondern die eigene kreative Energie frei und spontan auszudrücken.

Wenn uns diese Eigenschaft in Bildern auffällt, zeigt sie sich als Unregelmäßigkeit, Unausgewogenheit und Ungleichmäßigkeit oder aber als eine schockierende, überraschende Wendung in einem Gedicht. Man bezeichnet dies als »die Regel der Nicht-Regel«, eine grundlegende Eigenschaft der Zen-Lehren: das »Lehren außerhalb von Mustern« oder die »Handlung außerhalb von Mustern«.

Zen-Lehren und Praktiken werden meist sehr direkt, ohne übertriebene Ausschmückungen ausgedrückt. Dies zeigt sich in der Gestaltung eines typischen Zen-Klosters. Die gesamte Anlage ist schlicht, unauf-

dringlich und geordnet. Wir erkennen diese Eigenschaften in den einfachen Blumengestecken auf buddhistischen Altären, in der Architektur der Klostergebäude, in den Gärten und Pfaden. Sie zeigen sich auch im Essen, in der Art und Weise, wie die Mahlzeiten serviert werden und in der schlichten Kleidung der Praktizierenden. Alles zeugt von einer Einfachheit, die es uns erlaubt, unsere Aufmerksamkeit auf das zu lenken, was wesentlich ist und alles Überflüssige abzustreifen.

Wir hören diese Schlichtheit in den liturgischen Rezitationen. Sie sind monochromatisch und werden vom dumpfen Schlag einer hölzernen Trommel begleitet. Sie erden uns, im Gegensatz zu gregorianischen Gesängen, die uns eher mit höheren Bewusstseinsebenen verbinden. Die buddhistischen Rezitationen haben den Klang des Herzschlags oder der dröhnenden Brandung.

Diese Einfachheit, der Verzicht auf jegliche Komplexität, eröffnet einen kreativen Raum, der voller Möglichkeiten steckt. In der Einfachheit können wir die Grenzenlosigkeit spüren. Nichts Einschränkendes, wie in einem wolkenlosen Himmel. Es herrscht eine Dynamik in der Beziehung von Form und Raum, Klang und Stille.

Sobald der Pinsel die weiße Leinwand berührt, erwacht der leere Raum zu Aktivität und steht in einer dynamischen Beziehung zur Form. Wenn das Holzbrett, das die Praktizierenden in die Meditationshalle ruft, geschlagen wird, ist der Klang von Momenten der Stille von abnehmender Länge durchsetzt.

Schlichtheit drückt sich auch darin aus, wie Kunstwerke entstehen. Kalligrafien bestehen oft aus einem einzigen Pinselstrich. In einem einzigen Atemzug werden manche Zenga-Gemälde geschaffen und Haikus rezitiert:

Garten-Schmetterling –
ein Kind kriecht zu ihm; er fliegt.
Er kriecht; es fliegt.
Issa

Unser Leben ist sehr komplex geworden. Wie können wir es vereinfachen, unseren Konsum und dessen Auswirkungen auf die Umwelt begrenzen, anderen Lebewesen weniger Leid zufügen, Ausgaben beschränken, weniger Ablenkungen haben, weniger aufwändig leben, mehr Freiheit und Flexibilität erfahren und in einer Weise leben, die nicht so viele Kosten verursacht? Die Schlichtheit des Zen kann dabei helfen, auf diese Fragen eine Antwort zu finden.

Eine weitere Eigenschaft der Zen-Ästhetik besteht darin, »ohne Rang« zu sein. Als er die Gemeinschaft unterwies, sagte Meister Rinzai: »In diesem Klumpen nackten Fleisches gibt es einen wahren Menschen ohne Rang, der durch die Tore der Sinne aus- und eingeht. Wer dies noch nicht erkannt hat – sieh! Sieh!«

Der wahre Mensch ohne Rang kann nicht erfasst oder auf etwas festgelegt werden. Er zeichnet sich durch Reife und Erfahrung aus. Alle Unreife und Unerfahrenheit sind verschwunden. An ihrer Stelle zeigt sich eine Stärke, die mit dem Alter kommt.

Diese Eigenschaft ist ein wichtiges Element in den Ideen des Zen über die Schönheit. Sie kristallisierten sich in der Heian-Zeit heraus, als die japanische Ästhetik der Lyrik definiert wurde. »Ohne Rang« oder Natürlichkeit spiegelt eine Reife wider, aus der jede Schwäche und Zerbrechlichkeit verschwunden ist. Alle Sinnlichkeit wird abgelöst von einer Armut, in der es nichts Überflüssiges gibt.

Der »Vogel auf einer alten Kiefer« des chinesischen Malers Muchi aus dem 13. Jahrhundert ist eine Manifestation des Mysteriums in der Ästhetik des Zen. Mit wenigen kräftigen Pinselstrichen hat Muchi ein zeitloses Bild geschaffen. Die Krähe steht ganz klar im Zentrum der Darstellung. Der Raum, der sie umgibt, verleiht dem Bild eine Qualität der Offenheit und Freiheit. Es veranschaulicht die Totalität des Seins. Der winzige Punkt des Krähenauges lässt uns in die Unbegrenztheit dieser Zeichnung eintauchen.

> Tief in den Bergen
> liegt ein alter Teich.
> Tief oder flach,
> sein Grund wurde noch nie gesehen.
> JOHN DAIDO LOORI

Ob es um Kunst, Religion oder um das Leben selbst geht, offenbar gibt es immer Ecken, hinter die wir nicht blicken können, wie Meister Dogen schon sagte. Wir wissen nicht, was die Grenzen dessen sind, was wir wissen können. Es ist ein offener Prozess. Darin muss es ein Element des Vertrauens geben, ein Vertrauen darauf, dass wir festen Boden berühren werden, wenn wir den Fuß nach vorn setzen, um den nächsten Schritt zu tun. Das Terrain ist immer etwas größer als das, was wir überblicken können.

In den Zen-Künsten wird diese Unbestimmtheit eher durch Andeutungen als durch die nackte Enthüllung des Ganzen veranschaulicht. Aus dem Eindruck, dass unsere Existenz keinen Grund hat, auf dem sie steht, wird ein Gefühl für Möglichkeiten und Entdeckungen geboren. So ist das Leben. So ist die Wahrheit. Beide können nicht festgehalten werden. Sie dehnen sich zeitlos und grenzenlos aus. Plötzlich eröffnen sich bisher ungeahnte Perspektiven. Wo enden sie? Sie sind endlos, unbegrenzt. Das lässt das Unbekannte so wunderbar und voller Möglichkeiten sein.

Der »Drache« von Yamaoka Tesshu (1836–1888) ist eine Verkörperung dieser Eigenschaften. In den Zen-Geschichten taucht der Drache als ein mysteriöses, erleuchtetes Wesen auf. Das Gedicht, das die Kalligrafie begleitet, lautet: »Drache – er labt sich am Sonnenlicht und den vier Meeren.«

Trotz ihrer Tiefe gibt es in der Ästhetik des Zen auch eine gewisse Verspieltheit, die sich vor allem darin zeigt, wie die Lehren unterbreitet, wahrgenommen und weitergegeben werden. Im Zen gibt es eine ganze Reihe zum Teil ungewöhnlicher Lehrmethoden, einzigartiger religiöser Darstellungen und eine gesunde Portion Lachen, Humor, Albernheit und Verspieltheit. Zen hat sich immer die Freiheit erlaubt, sich über sich selbst lustig zu machen und die Legende der unerbittlichen Strenge ad absurdum zu führen, die manchen hin und wieder in den Sinn kommt, wenn sie an die intensive Meditation denken, die es in dieser Praxis gibt.

Das gewissenhafte Studium der edlen Künste
lässt unsere Natur weicher und sanfter werden.

Ovid

Auf Zen-Darstellungen begegnen wir immer wieder dem Mönch Hotei, der durch das Land zog und eine Tasche voller Sachen bei sich trug, die andere weggeworfen hatten, um sie Kindern, die er auf seinem Weg traf, zum Geschenk zu machen. Oft wird er gezeigt, wie er über fallende Blätter lacht und sich an allem erfreut. In seiner Lebenszeit waren sich die Menschen nicht sicher, ob er ein Verrückter oder ein Heiliger war.

> Meister Nanquan sagte zu Meister Huangbo: »Alter Mann, körperlich bist du nicht von besonderer Größe, aber ist dein Strohhut trotzdem nicht zu klein?«
> Huangbo entgegnete: »Auch wenn dies stimmt, enthält er doch das gesamte Universum.«
> Aus: *ZEN's Chinese Heritage*

Die Eigenschaften, die wir bis jetzt betrachtet haben, sind konkrete, sinnlich erfahrbare Merkmale. Der stille Punkt, Nicht-Geist, Schlichtheit, Profanität, Mysterium und Verspieltheit sind Qualitäten, die man in einem Bild sehen, in einem Gedicht hören oder in einem Gegenstand erkennen kann. Es gibt in den Zen-Künsten jedoch noch ein weiteres Merkmal, das viel weniger offensichtlich ist. Um es uns bewusst zu machen, müssen wir unseren intuitiven Kräften vertrauen – gemeint ist »Soheit«.

Soheit oder So-Sein bezeichnet in der Zen-Literatur das Formlose und Unbeschreibbare: eine Wahrheit, Wirklichkeit oder Erfahrung, die nicht durch Worte ausgedrückt werden kann. Es ist das »So«, »Was« oder »Es«, das in sich selbst evident ist und keiner Erklärung bedarf. Es ist letztendlich das Sein, so wie es ist, die allumfassende Wirklichkeit, die sich als eine Erfahrung der Präsenz manifestiert.

Alles sollte so einfach sein, wie es ist,
aber nicht einfacher.

ALBERT EINSTEIN

> Als Yantou zu Deshan kam, setzte er einen Fuß über die Schwelle und fragte: »Ist das diesseitig oder jenseitig, weltlich oder heilig?«
> Deshan stieß auf der Stelle einen Schrei aus.
> Yantou verneigte sich tief.
> *Buch des Gleichmuts,* Fall 22

Soheit ist der Punkt, an dem sich zwei fliegende Pfeile in der Luft treffen. Sie ist eine Eigenschaft des Seins, das nicht dualistisch ist und auf keine der beiden Seiten der Wirklichkeit fällt.

Eines Tages verabschiedete sich ein Mönch von Meister Zhaozhou.
Der Meister fragte ihn: »Wohin planst du zu gehen?«
Der Mönch antwortete: »Ich werde den Buddha-Weg in verschiedenen Distrikten studieren.«
Der Meister nahm seinen Fliegenwedel auf und sagte: »Dort, wo Buddha ist, solltest du nicht bleiben. Wo Buddha nicht ist, von dort solltest du weglaufen. Triffst du einen Menschen, und sei es auch an einem Ort, der 3 000 Meilen von hier entfernt ist, solltest du bei deiner Lehre keinen Fehler machen.«

EIHEI DOGEN, *Sammlung von 301 Koan-Geschichten*, Fall 80

Das Hochhalten des Fliegenwedels markiert den Treffpunkt, an dem die Unterschiede verschmelzen.

Soheit ist aber nicht auf diesen nichtdualistischen Moment des Verschmelzens begrenzt. Sie umfasst mehr. Zen-Meister Yuanwu sprach zur Versammlung: »Wenn ihr Soheit erlangen wollt, müsst ihr ein Mensch der Soheit sein. Doch da ihr bereits ein Mensch der Soheit seid, wieso solltet ihr euch dann um die Frage der Soheit sorgen?«

Oder mit den Worten von Zen-Meister Dogen: »Da die Wahrheit Soheit ist, entsteht in ihr ganz spontan der Geist des Erwachens. Sobald dieser Geist entsteht, werfen wir alles fort, womit wir zuvor gespielt haben. Dann geloben wir, das zu hören, was noch nie gehört wurde, und wir versuchen, das zu bestätigen, was noch nie bestätigt wurde. Dies beruht nicht auf unserem eigenen Tun.«

Soheit ist nichts, was von außen hinzugefügt werden müsste. Es ist das Dasein, das lebendige Leben selbst. Es ist die »Istheit« der Dinge, die »Istheit« der gesamten Existenz. Soheit ist die Übersetzung des Sanskrit-Begriffs *tatha*, der wiederum Teil eines Ausdrucks ist, mit dem manchmal der Buddha bezeichnet wird: *tathagata*, »der so Gekommene«. Tatha drückt sich in der Kalligrafie »Thus!« von Maezumi Roshi aus (Seite 145). Sie ist in Muchis »Kakifrüchte« (Seite 162) zu spüren, sechs einfache Früchte, keine gleicht der anderen, die im leeren Raum schweben und ein unbestreitbares Gefühl der Präsenz ausstrahlen: Hier sind wir!

Wenn wir dieses Gefühl der Soheit in ein Bild, ein Gedicht oder ein Musikstück einfließen lassen, wird es eine Lebendigkeit erhalten, die leicht zu spüren, aber nur schwer zu fassen ist. Vielleicht empfinden wir sie nur einen kurzen Moment lang, eine Sekunde im andauernden Fluss des Lebens. Doch die Soheit zu spüren und fähig zu sein, sie auszudrücken, lässt sie zu unserer eigenen Wirklichkeit werden.

Erde auf der kühlen Melone
Schmutzig
Vom Morgentau.
Basho

Jahrhunderte später beschreibt die amerikanische Autorin Joyce Carol Oates Soheit in ihrem Gedicht »That« an einem ähnlichen Gegenstand:

Eine einzelne Birne in ihrer Reife diesen Morgen geschwollen reif,
ihr Zustand rau geraut,
verlangt dem Auge mehr ab als der Baum,
der sich über ihr verzweigt.
Verlangt mehr als die kunstvoll gruppierten Zweige
von hundert perfekten Bäumen.
Jedoch rissig, gezeichnet wie von einem Fingernagel,
vom hackenden Schnabel eines Vogels, Fleck der Fäulnis,
gutartig, wie ein Geburtsmal, ein Familienmakel.
Und doch, ihr einzelnes, störrisches Gewicht: ein Horn,
ein Ruf aus Messing.
Sein Stolz unterwirft den Obstgarten.
Erstaunlicher als Äcker von Bäumen, die Armee der Leitern,
die streunenden Rufe der Arbeiter.
Diese erste Birne wiegt mehr als alle Steigen der Saison,
wertvoller als alle Schätzungen,
ein Preis, ein Rätsel, ein Fest.

Wenn wir anfangen, Soheit zu erkennen, wenn wir uns in ihr bewegen und sie nicht mehr behindern, werden wir in Harmonie mit dem Fließen aller Dinge sein und können in uns selbst die Worte von Meister Jianzhi Sengcan entdecken:

Folge der Natur der Dinge
und du wirst frei und ungestört wandeln.
Wenn Gedanken in Fesseln liegen, ist die Wahrheit verborgen,
denn dann ist alles dunkel und unklar.
Die Last des Urteilens bringt den Verdruss und die Erschöpfung.
Welchen Nutzen bringen dann Unterscheidungen und Trennungen?
…

如

Der vereinigte Geist ist in Übereinstimmung
mit dem erhabenen Weg.
Wenn es den Argwohn des Fuchses nicht mehr gibt,
lösen die Leidenschaften sich restlos auf.
So endet alles selbstbezogene Trachten,
und ein Leben in wahrem Vertrauen ist möglich.
Mit einem einzigen Schlag sind wir befreit von den Fesseln.
Nichts hängt an uns und wir hängen an nichts.
Alles ist leer, klar und selbsterleuchtend,
ohne Anstrengung des Geistes.
Hier haben Gedanke, Gefühl, Wissen und Vorstellung keinen Wert.
In dieser Welt der Soheit gibt es weder Selbst noch andere.

Um unsere Wertschätzung bestimmter Eigenschaften, die in diesem Kapitel besprochen wurden, zu vertiefen, möchte ich im Folgenden aufzeigen, wie sie einige der Zen-Künste geprägt haben. Dadurch, so hoffe ich, werden wir besser verstehen, welche Rolle sie in der zeitgenössischen Kunst und in unserem Leben spielen.

Neun

Nimm eine Schale Tee

Ein Mönch kam zu Meister Zhaozhous Tempel.
Der Meister fragte ihn: »Bist du schon einmal hier gewesen?«
Der Mönch antwortete: »Ja, das bin ich.«
Der Meister sagte: »Bitte, nimm eine Schale Tee.«
Bei einer späteren Gelegenheit fragte Meister Zhaozhou einen anderen Mönch: »Bist du schon jemals hier gewesen?«
Der Mönch antwortete: »Nein, ich war noch nicht hier.«
Der Meister sagte: »Bitte, nimm eine Schale Tee.«
Der Hauptmönch fragte: »Lassen wir den Fall des Mönchs, der schon einmal hier war, beiseite, aber warum sagtest du zu dem Mönch, der noch nicht hier gewesen ist: ›Bitte, nimm eine Schale Tee‹?«
Der Meister rief den Hauptmönch bei seinem Namen, und dieser antwortete.
Der Meister sagte: »Bitte, nimm eine Schale Tee.«

EIHEI DOGEN,
Sammlung von 301 Koan-Geschichten, Fall 233

Tee hat im ostasiatischen Buddhismus den gleichen Stellenwert wie der Wein in den jüdisch-christlichen Traditionen: Er ist von sakraler Bedeutung.

Über Chado, den Teeweg, heißt es, dass er die spirituellen, philosophischen, moralischen, künstlerischen und sozialen Aspekte des Buddhismus verkörpert. In ihm zeigt sich die kunstlose Kunst des Zen, und er weist alle zentralen Merkmale auf, die die Ästhetik des Zen definieren. Viele andere Zen-Künste – Kalligrafie, Lyrik, Blumenstecken und Gartenkunst – nehmen einen wichtigen Platz in der Teezeremonie ein.

Ich habe viele Male und unter immer anderen Umständen an formalen Teezeremonien teilgenommen, aber meine erste Teezeremonie in einem traditionellen Teehaus in einem kleinen japanischen Tempel wird mir stets in Erinnerung bleiben.

Der Fußweg zum Teehaus war ein gewundener Pfad aus Trittsteinen, der uns durch den Teegarten führte. Durch die langsame Annäherung konnten mein Begleiter und ich die Berglandschaft genießen und das städtische Chaos, aus dem wir kamen, hinter uns lassen. Der Garten war einfach, aber sehr schön. Kleine Moospolster auf Steinen und ein sich schlängelnder Bach, der hinter dem Teehaus verschwand, drückten Ruhe und eine zeitlose Schönheit aus.

Das Teehaus selbst war erstaunlich schlicht, ein Kontrast zu den aufwändigen Gebäuden des Tempelkomplexes. Es war eine kleine Hütte, einer Klause für eine Person ähnlich. Sie hatte ein strohgedecktes Dach und war aus groben Materialien gebaut. Ihre Naturtöne fügten sich harmonisch in die Landschaft ein. Unterwegs kamen wir an einem niedrigen Steinbecken vorüber, in das Wasser aus einem Bambusrohr floss. Wir hielten an und wuschen Mund und Hände in einem symbolischen Akt der Reinigung – eine Vorbereitung auf die Zeremonie.

Den Eingang zur Hütte bildete eine Schiebetür, die nur einen Meter hoch war. Um hineinzugelangen mussten wir uns fast bis zum Boden bücken. Als wir drinnen waren, bemerkten wir zuerst die *tokonoma*, eine nicht sehr tiefe Nische, in der eine einzige Schriftrolle hing, mit einem Gedicht, das der Jahreszeit entsprach. Darunter stand ein schlichtes Blumenarrangement mit Blüten, die den Frühling repräsentierten. Das Licht war gedämpft; es wurde von den *shoji*-Blenden gefiltert. Der Raum strahlte sanft, und die Wände leuchteten in freundlichen, warmen Farben. Mein Begleiter und ich nahmen unsere Plätze ein. Als wir es uns auf den Tatami-Matten bequem gemacht hatten, hörten wir das Murmeln kochenden Wassers in einem Kessel aus Gusseisen und die Vögel, die draußen sangen.

Die weite Erde in ihrer Unschuld
nährt die Blumen des Frühlings.
Vögel vertrauen frei der
Stärke des Windes.
Dies alles stammt aus der Kraft des Gebens,
wie unser Selbst, das ins Sein gelangt.

JOHN DAIDO LOORI

Im Teehaus wird meist vermieden, über geschäftliche Dinge oder kontroverse Themen wie Politik zu sprechen. Stattdessen konzentriert sich das Gespräch auf die Natur und den Fortgang der Jahreszeiten, oder aber es herrscht entspanntes Schweigen. Wir entschieden uns, einfach still zu sein und die Atmosphäre in uns aufzunehmen.

Dann kam der Teemeister herein. Er kniete sich hin, legte seinen Fächer vor sich ab, neigte den Kopf bis zum Boden und begrüßte uns. Wir erwiderten seine Verneigung. Dann verließ er wieder den Raum und trug nach und nach die Geräte für die Zeremonie herein. Er hielt das Ende eines Seidentuchs in der linken Hand, ließ die Rechte am Tuch hinab gleiten und faltete es vorsichtig in drei Teile. Dies tat er, indem er die Ecken drei Mal aneinanderlegte. Mit diesem Stück Seide reinigte er symbolisch jedes der zeremoniellen Objekte – symbolisch, da die Teegeräte bereits makellos sauber waren. Wir sahen zu, wie er die Teeschalen mit heißem Wasser aus dem Kessel rituell ausspülte. Er tauchte einen Teebesen aus Bambus kurz in die mit Wasser gefüllte Schale, begutachtete ihn und stellte ihn zur Seite. Dann goß er das heiße Wasser aus und trocknete die Teeschale mit einem Tuch.

Mit einer Geste lud uns der Meister ein, die Süßigkeiten, die er vor uns gestellt hatte, zu genießen. Während wir aßen, fuhr er damit fort, den Tee zuzubereiten. Mit geschickten Bewegungen öffnete er den Teebehälter und gab mit einem gebogenen Bambuslöffel jadegrünen Pulvertee in die Schale. Er tauchte eine langstielige Kelle in den Kessel und goss heißes Wasser über den Tee. Dann schlug er ihn mit dem Teebesen aus Bambus schaumig. Er wendete sich uns zu und stellte die Schale so vor mir ab, dass ihre auffälligste Seite in meine Richtung zeigte. Ich hob die Schale leicht an und stellte sie näher zu mir. Daraufhin verneigte ich mich vor meinem Begleiter, stellte die Schale auf meine Handfläche und drehte sie mit zwei kurzen Bewegungen, sodass ihr »Gesicht« von mir weg wies. Ich verneigte mich vor dem Tee und trank ihn mit einigen wenigen Schlucken. Den letzten schlürfte ich laut, was in Japan als guter Ton gilt.

Nachdem ich den Tee ausgetrunken hatte, drehte ich die Schale in ihre ursprüngliche Position zurück und stellte sie vor mir auf dem Boden ab. Ich verneigte mich. Der Teemeister nahm die Schale entgegen und reinigte sie mit heißem Wasser. In der Zwischenzeit genoss mein Begleiter seinen Tee. Nachdem er ausgetrunken und der Meister seine Schale gereinigt hatte, wurden die Schalen erneut vor uns gestellt, sodass wir sie betrachten und uns an ihrer Einzigartigkeit erfreuen konnten.

In Japan sind die begehrtesten Schalen für die Teezeremonie traditionell von gebrochener Farbe und grober Ausführung; sie zeugen nicht von elegantem oder ausgeklügeltem handwerklichen Können. Einige der beliebtesten Teeschalen waren ursprünglich billige, aber sehr schöne koreanische Reisschalen, die für den täglichen Gebrauch bestimmt waren. Es waren zufällige Meisterwerke in Form und Entwurf – asymmetrisch, gesprungen, manchmal wackelig, mit einer dicken Glasur und einem unglasierten Fuß.

Die Wertschätzung der Geräte und Schalen, die wir benutzt hatten, war ein wichtiger Teil der Zeremonie. Jedes Einzelne war speziell für uns ausgesucht worden und wurde uns von unserem Gastgeber gezeigt. Wir nahmen uns Zeit, alles zu betrachten, würdigten die hervorragende Qualität der Schalen und Geräte und gaben sie dem Meister schließlich zurück. Er brachte sie nach draußen in einen kleinen Nebenraum und nahm dann wieder auf den Knien vor uns Platz. Die Zeremonie endete, wie sie begonnen hatte. Er legte seinen Fächer vor sich ab und verneigte sich fast bis zum Boden. Wir erwiderten die Verbeugung, und er zog sich in den Nebenraum zurück. Wir gingen, wie wir gekommen waren, den gewundenen Pfad durch den Garten hinunter, zurück in die Geschäftigkeit unseres Lebens, aber doch irgendwie freudig und leicht, erfüllter als zuvor.

Ich begriff, dass die Teezeremonie eine Manifestation der Verschmelzung der vermeintlichen Unterschiede von Gastgeber und Gast ist, von der in der Zen-Literatur gesprochen wird. Außerdem ist sie ein schönes Echo der Liturgie, die ich in den Zen-Klöstern kennen gelernt hatte.

Eine gelungene Teezeremonie wird den Teilnehmern den Geschmack gewisser Eigenschaften einer kunstlosen Kunst vermitteln. In den Augen eines erfahrenen Teemeisters zeugen die Teeschalen von Wabi und Sabi, Eigenschaften, die zu Synonymen der Zen-Ästhetik geworden sind. Wabi ist ein Empfinden der Einsamkeit und Zurückgezogenheit, eine Haltung des Nicht-Anhaftens und der Freude an der spontanen Entfaltung der Ereignisse. Wabi ist wie die Ruhe nach dem Schneefall im Winter, wenn alle Töne gedämpft sind und die Stille alles umhüllt. Sabi ist die Soheit alltäglicher Gegenstände, die grundsätzliche, unzweifelhafte Einzigartigkeit der Dinge in und aus sich selbst heraus.

Noch zwei weitere Eigenschaften beschreiben die Gefühle, die durch die Zen-Kunst geweckt werden: Aware und Yugen. Aware ist das Empfinden der Nostalgie, der Sehnsucht nach der Vergangenheit, nach etwas, das alt und von den Spuren der Zeit gezeichnet ist. Es ist die intensive Bewusstheit der flüchtigen Natur des Lebens, seiner Unbeständigkeit. Yugen bezeichnet das Mysteriöse, Verborgene, Unbeschreibbare – die sich entziehende Dimension der Wirklichkeit. Beide Qualitäten zeigen sich in den Schalen, der Hütte und den Bewegungen des Meisters. Sie durchdringen die Atmosphäre. Alles zusammen bildet den klassischen Ausdruck der Zen-Ästhetik, die nicht nur in den Zen-Künsten, sondern in der gesamten japanischen Kultur gefunden werden kann.

Wenn du nur den Klang des Schnees
hören könntest …

Hakuin Ekaku

Im Chado findet sich auch das allumfassende Thema der Armut – nicht im Sinne eines Mangels, sondern als reine Einfachheit – eine Schlichtheit, die an nichts festhält.

Ryokan, ein Zen-Meister und Dichter, lebte in einer einfachen, strohgedeckten Hütte. Er kam um 1758 zur Welt und wurde mit 18 Jahren ordiniert. Kurz nach Ryokans Dharma-Übertragung starb sein Lehrer. Daraufhin zog sich der Dichter in eine Klause auf dem Berg Kugami zurück, wo er seine Zeit damit verbrachte, im Zazen zu sitzen, Besucher zu empfangen und Gedichte zu schreiben. Viele Geschichten über Ryokans Genügsamkeit und seine Liebe zu Kindern, aber auch über seine Gleichgültigkeit gegenüber weltlichen Ehren sind uns überliefert. Ryokan ging sogar so weit, sich selbst Daigo (»Großer Narr«) zu nennen.

Eines Abends, als er zu seiner Hütte zurückkehrte, überraschte er einen Dieb, der von Ryokans Lebensumständen nichts wusste und den Einsiedler ausrauben wollte. In der Hütte gab es nichts, was man hätte stehlen können. Doch Ryokan hatte Mitleid mit dem Mann und gab ihm seine Kleider, die der Dieb nahm, um schließlich so schnell wie möglich erschrocken das Weite zu suchen. Ryokan war nackt und zitterte, als er sich ans Fenster setzte und folgendes Haiku schrieb:

> Der Dieb vergaß,
> den Mond im Fenster
> zu stehlen.

Ein einfaches Leben zu führen bedeutet, sich für das zu entscheiden, was wichtig ist, und alles andere sein zu lassen. Wenn wir dazu in der Lage sind, erweitert sich unsere Sicht, unser Kopf wird klarer, und wir können die Einzelheiten unseres Lebens in ihrer beispiellosen Rätselhaftigkeit und Schönheit besser erkennen.

Einfachheit fällt uns im Westen nicht leicht. Wir wollen im Allgemeinen nichts aufgeben. Uns geht es meist darum, Dinge anzusammeln – wenn etwas gut ist, denken wir, sollten wir mehr davon haben. Ein Leben lang horten wir Dinge, Menschen, Abschlüsse und ignorieren die Tatsache, dass unser Leben umso beladener ist, je mehr Dinge wir haben, um die wir uns kümmern müssen. Die Herausforderung besteht für uns darin, einen Weg zu finden, wie wir unser Leben vereinfachen können.

Rikyu, der Begründer der Teezeremonie, war ein ernsthafter Zen-Schüler. Er verbrachte viele Jahre in der strengen Schulung der japanischen Klöster. Nachdem er die rituellen Aspekte der Teezeremonie perfektioniert hatte, wurde er sehr bekannt und angesehen. Der Shogun Toyotomi Hideyoshi, ein enger Freund Rikyus, besuchte ihn oft in seinem Teehaus. Er war ein Despot und zugleich ein Förderer der Teezeremonie.

Um Rikyu zu ehren sprach er auf einer seiner Teegesellschaften die folgenden Verse:

Wenn der Tee mit Wasser bereitet wird,
das aus den Tiefen des Geistes stammt,
gibt es wirklich das, was man Chado nennt.

In einem Sommer war Rikyu in den Besitz von Samen der purpurnen Trichterwinde gelangt, die in Japan damals noch vollkommen unbekannt war. Er säte sie in seinem Garten rund um die Teehütte aus. Überall wurde davon gesprochen, und schließlich hörte auch der Shogun von den Trichterwinden. Er schickte einen Boten und ließ dem Teemeister mitteilen, dass er zum Tee kommen würde, um die neuen Blumen zu betrachten. Einige Tage später traf der Shogun bei Rikyu ein, doch als er durch den Garten ging, konnte er keine einzige Trichterwinde entdecken.

»Wo sind die schönen neuen Blumen, von denen ich so viel gehört habe?«, erkundigte sich der Shogun.

»Ich habe sie entfernt«, antwortete Rikyu.

»Entfernt?!«, sagte der Shogun erstaunt und auch ein wenig gereizt. »Wieso?«

»Tretet ein«, entgegnete Rikyu, und geleitete den Shogun zum Teehaus. Ärgerlich legte der Shogun sein Schwert und seine Schuhe ab und bückte sich, um durch die niedrige Tür den Teeraum zu betreten. In der Tokonoma stand, in einer schmalen Bronzevase, eine einzige, gerade erst geschnittene Blüte der Trichterwinde, noch feucht vom Morgentau. In diesem Moment, in dem es nichts Überflüssiges gab, sah der Shogun die Blume wirklich, einzigartig in ihrer Schönheit, das ganze Universum erfüllend.

Alle Wesen sind Blumen,
die sich in einem blühenden Universum
entfalten.

Soen Nakagawa

Die Schlichtheit, durch die traditionelle Zen-Klöster sich auszeichnen, findet sich auch in den Zen-Gärten. In einem Zen-Garten gibt es einige

sorgfältig angeordnete Felsen, geharkten Sand und Bäume, die so geschnitten sind, dass sie die Hügel in der Ferne nicht verdecken. Jeder Felsen ist aufgrund seiner charakteristischen Gestalt genau ausgesucht. Im Westen hingegen sind Gärten übervoll von Schönheit, so sehr, dass wir ihre Schönheit nicht mehr wahrnehmen können.

Unsere Kultur des Überflusses breitet sich immer mehr aus und dringt sogar in unsere grundlegenden Aktivitäten ein. In den USA haben Ess- und Fettsucht epidemische Ausmaße angenommen. In den Restaurants hat sich die Größe der Portionen in den letzten zwanzig Jahren verdoppelt! In japanischen Restaurants wird ein kleines Steak auf einem großen Teller serviert, begleitet von ein paar Kartoffeln, einigen Gemüsestücken und einem Petersilienzweig. Die Portion ist angemessen und ansprechend für das Auge; sie hat dieselbe Dynamik von Form und Raum, die sich auch in einem Zen-Garten findet. Vom Arrangement werden wir genauso genährt wie vom Essen selbst. Am Ende stehen wir auf und bleiben ein klein wenig hungrig. Mein Dharma-Großvater, Yasutani Roshi, sagte immer: »Ihr solltet aufhören zu essen, bevor ihr euch vollständig satt fühlt.« Das ist eines der Themen von *oryoki*, den rituellen Mahlzeiten, die während langer Meditations-Klausuren eingenommen werden.

Als er die Teezeremonie entwickelte, war Rikyu von Oryoki oder *juhatsu* beeinflusst, der Liturgie des Essens, wie sie in den Soto- und Rinzai-Schulen des Zen gleichermaßen gepflegt wird. Oryoki bedeutet in etwa »das, was gerade genug enthält«; der Begriff verweist aber auch auf die Buddha- oder Essschalen, die den Mönchen und Nonnen bei der Ordination überreicht werden. Oryoki ist, wie die Teezeremonie, ein Ritual mit vielen Details. Jeder Bewegung widmet man sich voller Aufmerksamkeit und mit einem Sinn für die einzelne Handlung. Alle beginnen und enden gemeinsam. Alle Handlungen des Oryoki, vom Aufstellen der fünf Schalen auf einem gefalteten Tuch, über das Austeilen und Entgegennehmen des Essens, bis hin zum Säubern und Einwickeln der Schalen, werden bewusst und präzise ausgeführt. Die Zeremonie wird von Rezitationen begleitet, die unterstreichen, dass das, was geschieht, nicht nur die übliche Handlung des Essens, sondern eine spirituelle Aktivität ist.

In den Zen-Klöstern wird der Anfang und das Ende jeder Aktivität mit einer bestimmten Liturgie unterstrichen. Sie reicht vom einfachen Aneinanderlegen der Hände in Gassho und dem Verneigen, wenn ein Raum betreten wird, bis zu aufwändigen, zwei Stunden andauernden Begräbnisfeierlichkeiten. Diese Achtsamkeit in allen Handlungen soll uns dabei helfen, zu dem, was wir gerade tun wollen, wirklich zu erwachen. Formale Zeremonien, Arbeit und Studium, praktische Dinge wie Essen und Waschen, allem widmet man sich mit einem Geist, der wach, aufmerksam und vollständig präsent ist. Wenn wir uns in diesem Zustand befinden, wird jede Sache, der wir begegnen, so vollständig und einfach wie Rikyus Trichterwinde sein.

Wir können uns ganz leicht vorstellen, dass uns die Formalität der Teezeremonie und des Oryoki einschränkt, oder wir fassen den Geist der Einfachheit so auf, dass wir alles abstreifen sollen, bis nur noch die reine Form übrig bleibt. Nichts davon könnte jedoch weiter von der Wahrheit entfernt sein. Der Reine Geist der Einfachheit, wenn er vollkommen ausgedrückt wird, ist Freiheit im Handeln. Nur innerhalb einer bestimmten Form werden wir frei von dieser Form.

Eines Tages holten Soen Roshi und eine Gruppe seiner Zen-Studentinnen und -Studenten jemanden am Kennedy-Flughafen in New York ab. Ein Student kam zu spät. Als er eintraf, sagte Soen zu ihm: »Du hast die Teezeremonie verpasst.«

»Eine Teezeremonie am Kennedy-Flughafen?«, entgegnete der Student und sah sich ungläubig um. »Wo denn?«

»Hmmm«, entgegnete Soen nachdenklich, »vielleicht bist du doch noch nicht zu spät. Komm mit.«

Soen zog ihn in einen nahe gelegenen Durchgang. Zwei Frauen, die riesige Koffer hinter sich herzogen, hetzten an ihnen vorbei. Ein Mann winkte aufgeregt jemandem in der Ferne zu. Sie alle achteten nicht auf den merkwürdigen Japaner in weiten Roben, der einen Arm um seinen verwirrten Begleiter gelegt hatte.

Soen griff in einen Ärmel und zog einen kleinen Porzellanbehälter mit grünem Pulvertee und einen winzigen Bambuslöffel hervor. Er nahm einen Löffel Tee und sagte: »Mach den Mund auf.« Mein Freund gehorchte, und Soen ließ den Tee in seinen Mund fallen. Dann drückte er sein Kinn nach oben, bis der Kiefer geschlossen war, und sagte: »Mach Wasser.«

Das aufwändige Ritual der klassischen Teezeremonie, das mehr als eine Stunde in Anspruch nehmen kann, wurde in diesem einfachen Akt auf seine Essenz reduziert. Alles, was von ihr übrig blieb, war der Geschmack des Tees.

Die Tatsache, dass beide Manifestationen der Teezeremonie – Soens improvisierte Form und der traditionelle, komplizierte Ritus – nebeneinander stehen können, bezeugt den wahren Geist der Freiheit, der die Lehren und Praktiken der Zen-Künste auszeichnet.

Letzten Endes ist Oryoki, wie die Teezeremonie, ein Geisteszustand. Er hat mit einem Satz Schalen oder damit, in einer Meditationshalle zu sein, nichts zu tun. Es geht einzig und allein darum, vollkommen präsent zu sein und das zu tun, was wir tun, während wir es tun – ob wir nun bei McDonald's, am Flughafen oder in einem Kloster sind. Wenn unser Geist voller Gedanken und Sorgen ist, gibt es kein Oryoki. Wir sind dann einfach nicht präsent. So, wie wir unseren Geist gebrauchen, so leben wir unser Leben. Wenn wir diese Prinzipien verstehen und als Praxis annehmen, werden wir uns selbst befreien.

Es gab einmal einen alten Teemeister, der erfuhr, dass ein hoher Würdenträger sich angesagt hatte, in seinem Teehaus den Tee einzunehmen. Er wies seinen jungen Schüler an, sich vor dem Eintreffen des Gastes um den Garten zu kümmern. Der Schüler war den ganzen Morgen emsig bei der Sache; er rechte die gefallenen Blätter zusammen, die sich in den Bächen und Felsformationen angesammelt hatten. Er arbeitete, bis der Garten makellos gesäubert war – kein einziges Blatt lag mehr auf dem Boden. Als er den Teemeister bat, seine Arbeit zu begutachten, schaute dieser sich um und sagte: »Fast perfekt, aber noch nicht ganz.« Dann ging er zu einer Gruppe von Ahornbäumen und schüttelte sie leicht, sodass einige dunkelrote Blätter auf Wege und Beete fielen.

Einfachheit, die wirklich schlicht sein will, muss natürlich wirken, fast nicht wahrnehmbar. Sie darf nicht gekünstelt oder erzwungen sein. Ein sorgfältig angelegter Garten macht gerade durch einen gewissen Mangel an Sorgfalt auf sich aufmerksam. Um mit dieser Geschichte noch einen Schritt weiter zu gehen, würde ich sagen: Lasst die Blätter von alleine auf die Wege fallen.

Der Laienbruder Pang, ein chinesischer Zen-Meister des 9. Jahrhunderts, hatte seine eigenen Vorstellungen von Einfachheit. Als er sich entschied, den Rest seines Lebens dem spirituellen Weg zu widmen, lud Pang sein gesamtes Hab und Gut auf ein Boot und versenkte es im Fluss. Ich habe mich immer gefragt, wieso er seine Sachen nicht anderen gab, die sie hätten gebrauchen können. Seine Absicht war edel, aber irgendwie ging sie mit seinem Besitz über Bord.

Einfach zu sein bedeutet nicht, einfältig zu sein. Es bedeutet nicht, dass wir uns wahllos aller Dinge entledigen und auf Formen, Stil oder alle Regeln verzichten. Aber auch das andere Extrem trifft nicht zu: die Unbequemlichkeiten eines einfachen Lebens zu ertragen, sich einer heldenhaften Läuterung zu unterziehen – einer erzwungenen Entsagung oder Askese.

Entsagung bedeutet nicht, dass wir die Dinge dieser Welt aufgeben, sondern zu akzeptieren, dass sie verschwinden.

SHUNRYU SUZUKI

Vor vielen Jahren unternahm ich eine einwöchige Kanufahrt auf dem Oberlauf des Oswegatchie River im Staat New York. Arthur, ein Freund aus Jamaika, der sein Leben lang gejagt und gefischt hatte und gewandert war, hatte freundlicherweise angeboten, mich zu begleiten. Ich liebte es, in der Wildnis zu sein, war jedoch noch nie längere Zeit im Freien kampierend unterwegs gewesen.

Arthur traf genau in dem Moment in Cranberry Lake ein, dem Dorf, in dem wir verabredet waren, als ich die letzten Teile meiner Ausrüstung in den Rucksack stopfte. Mein Kanu, das Chestnut Darling hieß, lag neben dem Wagen am Boden. Arthur warf einen Blick auf meinen Rucksack und brach in Gelächter aus. »Du leidest an der Krankheit des weißen Mannes«, sagte er und schüttelte den Kopf. Ich blickte ihn verständnislos an. »Was soll das – willst du dein Haus mit all seinen Annehmlichkeiten mit in die Wälder nehmen?«

Ich betrachtete meinen Rucksack. Jedes Fach, bis hin zur kleinsten Tasche, war mit unterschiedlichen Dingen angefüllt. Ich fand, dass ich alles brauchte. Es dauerte nicht lange, bis mir klar wurde, dass es nicht nur unbequem, sondern unnötig war, einen 40 Kilogramm schweren Rucksack bei langen Kanu-Fahrten zu transportieren. Ich konnte mit Arthur nicht mithalten. Immer noch den Kopf schüttelnd und grinsend tauschte er mit mir die Rucksäcke und beförderte mein »Haus« für den Rest unserer Tour. Ich rechne es ihm hoch an, dass er später wieder mit mir in die Wildnis ging. Das nächste Mal entschlackten wir meinen Rucksack allerdings auf 30 Kilogramm.

Mit der Zeit wurde meine Begeisterung für Camping immer größer und meine Packfertigkeiten nahmen zu. Zuerst verzichtete ich auf alle Extras, kleine Annehmlichkeiten wie Bücher, die zum Überleben nicht wirklich nötig waren. Dann nahm ich auch keine Töpfe und kein Besteck mehr mit. Ich kochte in meinem Feldbecher aus dem Armee-Laden und aß mit meinem Fahrtenmesser. Als ich merkte, was ich alles weglassen konnte, wurde das zu einer Herausforderung und zugleich zu einer Obsession. Ich verzichtete auf zusätzliche Kleidung und lernte, nur so viel Proviant mitzunehmen, wie ich für die Tour wirklich brauchte. Mit jedem Streifzug wurde mein Rucksack schmaler und schmaler, und ich vermisste die Ausrüstung nicht. Im Gegenteil: ich fühlte mich leichter, freier und mehr in Kontakt mit meiner Umgebung als zuvor.

Meine Frau teilte meinen Enthusiasmus für minimalistisches Camping nicht. Da ich aber darauf bestand, nur das absolut Nötigste auf unsere Touren mitzunehmen, fing sie an, Besteck und Bücher einzuschmuggeln, indem sie sie an ihren Körper klebte.

Im Spätsommer 1965 kehrte ich zum Oberlauf des Oswegatchie zurück – diesmal allein. Ich schlug mein Camp am frühen Abend auf und machte mich am nächsten Morgen, nur mit meiner Kamera und einem kleinen Rucksack mit dem Allernotwendigsten bepackt, auf den Weg zu einem weit entfernten Bergsee, den ich auf der Karte entdeckt hatte. Ich wollte dort fotografieren. Es war kühl und bedeckt – ideales Licht. Ich ging ein paar Meilen bis zu einem kleinen Sumpf, den ich vorsichtig durchquerte, und setzte meinen Weg fort. Dann stieg ich die Berge hoch, bis ich den See erreichte. Ich blickte auf seine kleine, aber sehr schöne schiefergraue Oberfläche, die sich im Wind leicht kräuselte.

Im wechselnden Licht machte ich Aufnahmen, aber bald schon fing es an zu regnen, und ich musste zusammenpacken. Der Regen ging in einen Wolkenbruch über. Ich dachte, ich könnte abwarten, bis er aufhörte, aber nach ein paar Stunden hatte er immer noch nicht nachgelassen. Ich entschied, dass es das Beste sei, zu meinem Camp zurückzukehren. Ich stieg die Berge hinunter, lief durch den Wald und erreichte schließlich den Sumpf, musste aber feststellen, dass der Regen ihn in einen See verwandelt hatte, der zu tief war, um hindurchzuwaten. Ich versuchte, ihn zu umgehen, aber ich schaffte es nicht. Die Nacht kam, mir wurde kalt, und der Sturm wütete weiterhin mit voller Kraft. Ich wusste, ich würde den Weg in der Dunkelheit nicht finden können und entschloss mich, bis zum Morgen da zu bleiben, wo ich war.

Ich machte mir Sorgen, war aber auch irgendwie gespannt, als ich nach einer höher gelegenen Stelle suchte, weit weg vom Wasser, das vielleicht noch ansteigen würde. Jetzt würde meine Fähigkeit, ohne Ausrüstung zurechtzukommen, wirklich auf die Probe gestellt werden. Ich begann damit, vor einem großen Felsen, der ein Feuer reflektieren würde, einen Halbkreis aus Steinen auszulegen. Meinen Poncho spannte ich als improvisiertes Zeltdach aus. Dann entfachte ich ein kleines Feuer und machte mir einen Becher Suppe aus einer Tüte, die immer in meiner Überlebens-Ausrüstung war. Müde, von der Suppe gewärmt, lehnte ich mich mit dem Rücken an einen Baum und ruhte mich aus.

Einen Arm als Kissen, beobachte ich,
wie juwelengleiche Regentropfen von der Traufe fallen – allein.

BASHO

Als ich mitten in der Nacht aufwachte, fegte der Sturm immer noch über die Berge, aber ich war vollkommen trocken und warm. Ich legte mehr Holz auf das Feuer und beobachtete den Sturm. Bis zum Morgen schlief ich hin und wieder ein, und im Tageslicht war es einfach, den See durch das Unterholz zu umgehen und wieder auf den Pfad zu gelangen, der zu meinem Camp führte.

Diese Tour änderte meine Einstellung zum Camping vollkommen. Ich begriff, dass ich mit etwas mehr Nahrung mehrere Tage dort draußen hätte verbringen können. Selbst der abgespeckte Rucksack, auf den ich so stolz gewesen war, hatte sich als überflüssig herausgestellt. Heutzutage kampiere ich wieder mit einem Zelt, einem Kocher und Besteck, doch den Geist der Einfachheit, den ich auf diesen ersten Touren verspürt hatte, habe ich nicht verloren.

In ihrer bloßen Einfachheit und Nüchternheit können die Zen-Künste archaisch wirken, und doch sind sie in Ausdruck und Funktion überraschend modern. Die Silhouette eines klassischen japanischen Teehauses, ein Steingarten oder eine einfache Keramik sind stets sachlich und elegant. Zen-Künstler vermeiden das Übertriebene und erwecken damit den Eindruck einer disziplinierten Zurückhaltung, so, als hätten sie noch etwas in Reserve. In den leeren Räumen dieser Kunst spüren wir eine verborgene Fülle. Daraus erwächst ein Gefühl der inneren Stärke, eine Ahnung davon, dass wir die Kraft und das volle Potenzial des Künstlers oder der Künstlerin bisher nur flüchtig zu sehen bekommen haben.

In einer Gesellschaft, die uns permanent einredet, dass mehr besser sei, ist es nicht immer einfach, darauf zu vertrauen, dass wir genug haben, genug *sind*. Wir müssen die Illusion durchschauen, dass Überfluss Sicherheit bedeutet, und darauf vertrauen, dass wir uns gegen die Wirklichkeit nicht abzusichern brauchen. Wenn wir gelernt haben, auf den Überfluss zu setzen, können wir auch lernen, auf die Einfachheit zu setzen. Wir können Einfachheit praktizieren.

Zen und damit auch die Ästhetik des Zen zeigen uns, dass alle Dinge, so wie sie sind, perfekt und vollkommen sind. Ihnen fehlt nichts. Indem

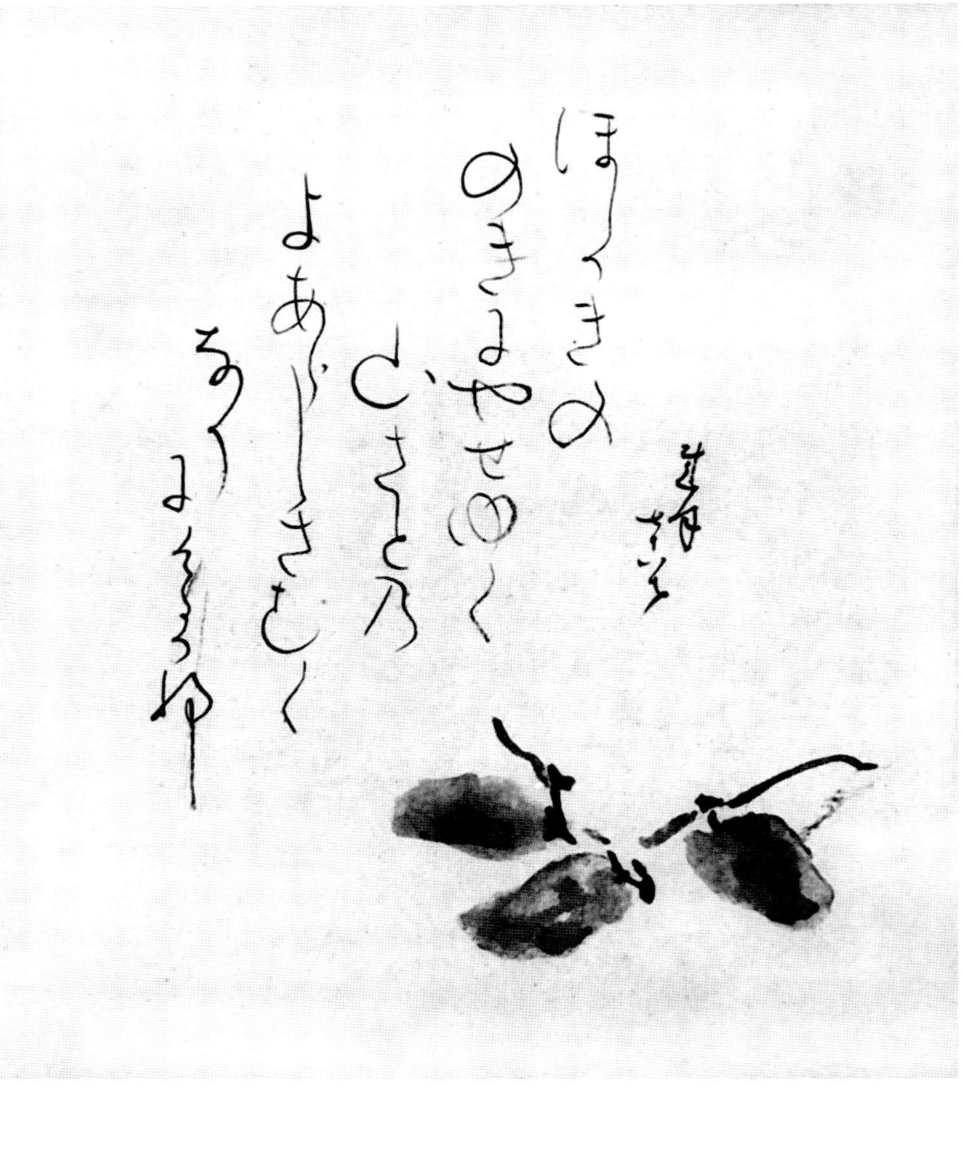

wir versuchen, unsere wahre Natur zu erkennen, reiben wir uns immer wieder am selben Widerspruch: Wir verstehen nicht, dass wir bereits das sind, was wir sein wollen. Im Zen sagen wir, dass jeder von uns bereits ein Buddha, ein vollkommen erleuchtetes Wesen ist. Dasselbe gilt für die Kunst. Jeder von uns ist bereits ein Künstler, ob wir das nun verstehen oder nicht. Es ist überdies gar nicht so wichtig, dass wir es verstehen – die Wirklichkeit der Vollkommenheit existiert trotzdem. Wenn wir uns auf den kreativen Prozess einlassen, kommen wir mit dieser Wahrheit in Berührung und sie wird sich in allen Bereichen unseres Lebens ausdrücken.

Keinem Wesen mangelt es an seiner eigenen Vollkommenheit.
Wo immer es steht, verabsäumt es nicht,
den gesamten Boden zu bedecken.

EIHEI DOGEN

Wenn man mich auffordern würde, auf die Ästhetik des Zen zu verzichten und nur eine Eigenschaft beizubehalten, die man braucht, um Kunst zu schaffen, dann wäre diese Eigenschaft Vertrauen. Wenn wir lernen, uns selbst zu vertrauen, müssen wir durch unsere Kunst nichts mehr beweisen. Dann gestatten wir ihr, einfach aufzutauchen und das zu sein, was sie ist. Die Kunst wird dann mühelos sein. Wie das Haar, das einfach nur wächst. Sie wächst.

Zehn

Tanzender Pinsel

Der Mensch ist ein denkendes Wesen, aber seine großen Werke werden vollbracht, wenn er nicht kalkuliert und denkt. »Kindlichkeit« muss nach langen Jahren der Übung in der Kunst des Sich-Selbst-Vergessens wieder erlangt werden. Ist dies erreicht, dann denkt der Mensch und denkt doch nicht. Er denkt wie der Regen, der vom Himmel fällt; er denkt wie die Wogen, die auf dem Meer treiben; er denkt wie die Sterne, die den nächtlichen Himmel erleuchten; wie das grüne Laubwerk, das aufsprießt unter dem milden Frühlingswind. Er ist in der Tat selbst der Regen, das Meer, die Sterne, das Grün. Hat der Mensch diese Stufe der Entwicklung erreicht, ist er ein Zen-Künstler des Lebens.

D. T. Suzuki

Im Herbst 1947 war ich auf einem Zerstörer der US-Navy im Mittelmeerraum stationiert. Eines Nachts lagen wir in einem Hafen irgendwo im Persischen Golf, der für die antiamerikanische Haltung vieler seiner Bewohner bekannt war. Ich hatte Wachdienst an Deck. Da mit feindlichen Aktivitäten zu rechnen war, hatten wir strikte Anweisung, auf jeden scharf zu schießen, der ohne Erlaubnis an Bord kam. Dieser Befehl stand in den Richtlinien, die jeder Wachposten bei sich trug.

Gegen drei Uhr morgens hörte ich ein Geräusch, das aus der Dunkelheit am Heck des Schiffes kam. Ich ging in diese Richtung und sah einen Mann, der über die Reling kletterte. Ich nahm meine Waffe von der Schulter, richtete sie direkt auf ihn und rief: »Halt!« Der Mann stoppte kurz, blickte mich geradeheraus an und lief einfach weiter auf mich zu. »Halt, oder ich schieße!«, rief ich.

Um ihn einzuschüchtern, entsicherte ich mein Gewehr und ließ eine Patrone aus dem Magazin auf das Deck fallen. Er zuckte noch nicht einmal zusammen. Noch einmal entsicherte ich die Waffe, aber ich brachte es nicht über mich, abzudrücken. Der Mann kam direkt auf mich zu und eilte an mir vorbei zu den Mülltonnen, die an der Seite standen. Er füllte eine Tasche mit den Resten unseres Abendessens, ging damit wieder zur Reling und seilte alles zu einer Frau ab, die in einem Ruderboot auf ihn wartete und sich am Schutzgitter der Schiffsschraube festhielt. Dann kletterte er selbst das Seil hinunter, beide ruderten weg und verschwanden in der Dunkelheit.

Ich hätte ihn erschießen können. Laut meinen Befehlen hätte ich es sogar tun müssen. Rechtlich wäre es vollkommen legal gewesen, moralisch gesehen jedoch nicht. Der Mann hatte Hunger. Seine gesamte Familie hatte sehr wahrscheinlich Hunger. Das war alles. Ich weiß nicht, was mich davon abhielt, abzudrücken, etwas, das tiefer war als meine

Befehle, etwas, das ich im Kapitel über die kunstlose Kunst als Regel der Nicht-Regel bezeichnet habe.

Die Zen-Schulung ist äußerst formal und diszipliniert. Und doch ist das Ziel all ihrer Übungen und Formen die Freiheit. Freiheit ist die Regel der Nicht-Regel. Einerseits gibt es Strenge, Formalismus und Wiederholungen. Andererseits werden wir ständig daran erinnert, »uns selbst zu vertrauen« – keinen zweiten Kopf auf unseren eigenen zu setzen. Wir praktizieren innerhalb dieser dynamischen Spannung. Freiheit gibt es im Zen und der Ästhetik des Zen nicht als Ablehnung oder Vernachlässigung der Formen, sondern inmitten der Formen selbst. Freiheit entsteht aus Praxis. Innerhalb von Praxis zeigt sich Freiheit als Form der Nicht-Form, als Anstrengung der Nicht-Anstrengung, als Regel der Nicht-Regel.

Man hat etwas nicht verstanden, bis man es wieder vergessen hat.

D. T. Suzuki

Als Watazumi Doso das Zen Mountain Monastery besuchte, zeigte ich ihm das Anwesen. Wir begegneten einem Installateur, der an unserem neuen Badehaus arbeitete. Vor dem Gebäude lagen Rohre aus Gusseisen. Spielerisch hob Doso ein etwa 70 Zentimeter langes Stück auf und begann, darauf zu spielen, als ob es eine Shakuhachi-Flöte wäre. Obwohl das Rohr keine Löcher hatte, entlockte er ihm doch eine erstaunliche Bandbreite an Klängen und eine bezaubernde Melodie.

Doso gab im Zen Center von Los Angeles ein Konzert. Kurz nach Beginn hörte man einen Polizeihubschrauber, der über der Gegend kreiste. TUM! TUM! TUM! TUM! Sofort nahm Doso den Rhythmus mit seiner Flöte auf und setzte eine Melodie dagegen. Ein Kind weinte; Dosos Flöte antwortete. Ein Wagen fuhr mit hoher Geschwindigkeit vorbei; die Flöte sauste mit. Dosos Konzert erfasste die Totalität aller Töne, die um uns herum erklangen. Er vermischte sich mit ihnen, verschmolz, antwortete auf alles, was er hörte. Er nahm es in seine Erfahrung und seinen Ausdruck auf, anstatt sich davon beirren zu lassen.

Diese Fähigkeit in seiner Musik frei zu sein, war das Ergebnis einer lebenslangen, nie nachlassenden Hingabe an die Disziplin des Atmens. Tatsächlich war Doso an der Shakuhachi-Flöte gar nicht so sehr als Musikinstrument interessiert. Er nannte seine Flöte *suija*, was sich ungefähr mit »konzentriertes Atem-Werkzeug« übersetzen läßt. Doso betrachtete sich nicht so sehr als Musiker, sondern als jemand, dessen ganzes Interesse der Entfaltung seiner Lebenskraft, dem Chi, galt, indem er seinen Atem einsetzte und stärkte. Die Bambusflöte war einfach nur ein Werkzeug für diese Praxis. Er sagte einmal: »Da ich einen Anhaltspunkt brauche, um zu wissen, wie es meinem Atem geht, blase ich in eine Bambusröhre und höre, wie er klingt.«

Doso spielte nicht auf den glänzend polierten, lackierten und gut gestimmten Flöten, die in der Shakuhachi-Tradition verbreitet sind. Seine Flöten waren nicht bearbeitet, sondern naturbelassen. In ihrem Inneren zeigten sich noch die typischen Bambusknoten. Viele, selbst erfahrene Meister, hielten ein solches Instrument für unspielbar. Dosos Musik zeigte jedoch, dass sie Unrecht hatten. Sein Spiel berührte einen immer im Kern des eigenen Wesens. Manchmal hatte der Ton eine unglaubliche Stärke wie der Druck eines stürzenden Wasserfalls. Manchmal toste er wie Donner. Dann wieder war er sanft und süß wie Vogelgesang bei Sonnenaufgang. Diese Klänge erreichten mich immer, aber nicht durch meine Ohren. Sie drangen durch den Beckenboden in meinen Körper ein, bewegten sich nach oben und breiteten sich in meinem ganzen Wesen aus.

Wie Shakuhachi, so ist auch Shodo, der Weg des Pinsels, eine traditionelle Form der kunstlosen Kunst des Zen. Sie umfasst sowohl Kalligrafien von Zen-Lehren und Gedichten als auch Malerei. In beiden Fällen beruht die Wirkung des Pinsels als Praxis auf der spontanen Interaktion der Tusche mit dem Papier oder der Seide. Der Pinsel muss ohne Unterbrechung über die saugfähige Oberfläche gleiten, damit die Tusche harmonisch fließen kann. Jede Unsicherheit, jedes Zögern, jeder Vorgriff zeigt sich auf der Stelle. Der Pinsel erfordert die freie Bewegung von Hand, Arm und Geist. Wenn er gemeistert wird, reicht das Repertoire der Pinselstriche von feiner Eleganz bis zu derber Lebendigkeit, von detailliert ausgeführten Darstellungen bis zu kräftigen, gewagten Skizzen. Das gilt vor allem für den Zenga-Stil der Malerei.

Ga bedeutet »Malerei« – Zenga bezeichnet also die Malerei des Zen. Zenga ist nicht wirklich eine Schule, sondern der Begriff für eine Kunst, die von Zen-Meistern stammt. John Stevens, ein Soto-Zen Mönch, Gelehrter, Künstler und Autor schreibt in *Zenga: Brushstrokes of Enlightenment*:

> Spirituell sowie künstlerisch steht Zenga für die expressive Kunst der Zen-Meister, für freie und persönliche Interpretationen, die

sich im Stil dramatisch von der Dogmatik buddhistischer Malerei unterscheiden, wie sie zu jener Zeit vorherrschend war.

Auch wenn sich in der Malerei und Kalligrafie des Zen Humor, Lebensfreude und ungezügelte Freiheit zeigen, besteht sie aus mehr als aus lustigen Karikaturen, geistreichen Sprüchen und reizvollen abstrakten Zeichnungen.

Wirkliche Kunst vermittelt immer eine tiefe Botschaft, so profund und universell wie die ehrwürdigsten religiösen Texte oder die faszinierendsten philosophischen Werke. Es wäre ein Missverständnis, die Zen-Kunst als eine angenehme Abwechslung von den eher »ernsthaften« Formen des religiösen und künstlerischen Ausdrucks zu begreifen. Im Gegenteil: Ein einziger Pinselstrich eines erleuchteten Zen-Meisters kann dem Betrachter eine neue Wirklichkeit vor Augen führen.

Um es mit den Worten von E. John Bullard, Direktor des New Orleans Museum of Art, in seinem Vorwort zu John Stevens Buch zu sagen:

> In der japanischen Kultur wird die Zen-Malerei aufgrund ihrer religiösen Inhalte schon lange geschätzt, aber erst jetzt sind westliche Sammler und Museen auf sie aufmerksam geworden. Insbesondere in den USA haben Kritiker und Kuratoren die einzigartige Ästhetik der Zenga-Kunst zu schätzen gelernt. Selbst ohne ein Verständnis des Buddhismus oder der japanischen Sprache können Menschen des Westens die Bedeutung dieser Kunstform begreifen.

Zenga-Kunst ist asymmetrisch, ohne regelmäßige, erkennbare geometrische Formen, in denen das Auge sich verankern könnte. Der Pinselstrich ist oft zackig, knorrig, unregelmäßig, verdreht, hingeworfen, schwungvoll. Zenga ist gewagt und direkt und fast immer spontan entstanden, in einem einzigen Atemzug. Zenga-Darstellungen sind in vielen Fällen ein visuelles Koan oder eine Unterweisung, deren Lehre durch ein sehr präzises, direktes Zeigen vermittelt wird.

Jikihara Sensei ist ein 80-jähriger Meister des *nanga*-Stils der Malerei, einer Form der Pinselkunst, die in China entwickelt wurde und sowohl monochrome als auch farbige Darstellungen umfasst. Er ist ein anerkannter Linienhalter der Obaku-Schule des Zen und Abt eines kleinen Tempels in Japan.

Feh!

Die Obaku-Schule ist neben Rinzai und Soto eine der drei Zen-Schulen, die in Japan noch aktiv sind. Ihr Haupttempel, Mampukuji, liegt in Uji bei Kyoto. Die Schule ist nach dem chinesischen Meister Huangbo (Jap. Obaku) benannt und wurde im 17. Jahrhundert von Yinyuan Lungji in Japan eingeführt. Obaku-Zen entwickelte sich in der Ming-Dynastie aus einer Mischung von Zen und »Reine-Land-Buddhismus« und fand mit den Jahren eine kleine Anhängerschaft.

In der Ausführung unterscheiden sich Nanga- und Zenga-Malerei voneinander. Zenga ist im Allgemeinen einfach und direkt, Nanga-Darstellungen hingegen entwickeln sich über einen längeren Zeitraum, und jeder Pinselstrich deutet auf den nächsten hin. Neue visuelle Spannungen tauchen auf, während das Bild entsteht. Obwohl Nanga die grundlegenden Prinzipien der chinesischen Pinselkunst verkörpert, ist es durchaus mit dem Aquarell verwandt. Ich habe gesehen, wie Jikihara farbige Aquarelle im Stil und in der Ästhetik des Nanga produzierte.

In den frühen 1980er Jahren lehrte Jikihara für einige Zeit am Zen Mountain Monastery, wodurch ich oft die Gelegenheit hatte, seine Technik und seine erstaunliche Natürlichkeit und Spontaneität zu beobachten. Seine Präsentationen erinnerten mich daran, wie ich Soen beim Kalligrafieren zugeschaut hatte, aber jetzt, nach vielen Jahren der Schulung und des Studiums, konnte ich viel eher einschätzen, wie Jikiharas Kunst die zeitlosen Prinzipien des Zen verkörperte.

Einige von uns versammelten sich eines Abends, als Jikihara ein großes Gemälde in Angriff nahm. Sein zerfurchtes Gesicht und die weiße Mähne beschworen das Bild eines Meisters aus dem alten China herauf. Er legte mehrere Pinsel bereit, eine flache Schale, einen kleinen Wasserbehälter, den Tuschestein und einen etwa 1,25 x 0,75 Meter großen Bogen Papier, der an den Enden mit Kieselsteinen beschwert war. Er begann damit, die Tusche anzurühren, indem er den feuchten Tuschestein, der aus mit Kiefernharz vermischtem Ruß bestand, abrieb. Jikihara arbeitete mit einer intensiven Aufmerksamkeit und überprüfte beständig die Konsistenz der Tusche.

Nachdem er mit der Qualität der Tusche zufrieden war, tauchte er den Pinsel ein, drehte ihn und presste ihn gegen den Tuschestein, bis er so flexibel und so vollgesogen war, wie er es wünschte. Dann wandte er sich dem Papier zu, saß leicht vornüber gebeugt über dem Bogen und hielt den Pinsel still in der rechten Hand. Einen Moment lang schien er im Raum zu schweben. Alle schwiegen. Es wirkte so, als würde er das leere Blatt Papier in sich aufnehmen, als würde er sich vorstellen, wie sich die Fläche mit dem Bild füllt. Sein Pinsel bewegte sich zu einem

bestimmten Punkt inmitten dieser Leerheit. Ein Tuschetupfen aktivierte ihn. Der Tanz fing an.

Während sich das Bild entfaltete, wurde mir deutlich, wie bereits mit dem ersten Tuschefleck definiert wurde, was aus ihm und um ihn herum entstehen würde. Dieser erste Punkt war wie der Samen einer Kiefer. Wenn eine Kiefer am Rand einer Felswand Wurzeln schlägt, werden der Stamm und die Äste verkrüppelt sein und sie wird kurze Nadeln tragen. Falls man denselben Samen in einem Kiefernwald einpflanzt, wird er sich in einen schlanken, hohen Baum mit Ästen von kurzer Reichweite entwickeln. Inmitten eines leeren Feldes ist der Stamm gedrungen, die Äste erstrecken sich über viele Meter, und die Form ist eher rundlich als hoch. Wachstum und Entwicklung einer Kiefer hängen immer von der Umgebung, den Nährstoffen, der Erde, von Temperatur und Wetter ab. Genauso ist die Form, die dem ersten Zeichen auf dem Papier folgt, eine organische Reaktion auf die Berührung des Pinsels und auf die Umgebung.

Ein Bild entwickelt sich aus dem organischen Zusammenspiel von Maler und Umständen. Wenn eine Malerin mit vorgefassten Vorstellungen darüber, wie das fertige Werk aussehen soll, an die Arbeit geht, werden diese Ideen das Auftreten lebendiger »Fehler« des Pinsels – Tuschespritzer zum Beispiel –, die so vielen Zen-Zeichnungen ihren Charakter und Reichtum verleihen, verhindern.

Diese organische Entfaltung konnte man erkennen, während Jikiharas Darstellung Form annahm – Augen, ein Kopf, dann ein Körper. Manchmal wechselte er den Pinsel, um genaue Farbabstufungen zu erzielen. Um mit einem Strich unterschiedliche Schattierungen zu erhalten, tränkte er den Pinsel mit Wasser und Tusche. So konnte er einen bestimmten Grauton herstellen. Danach tauchte er die Spitze des Pinsels in unverdünnte schwarze Tusche. Als er den Pinsel dann über das Papier bewegte, führte er ihn so, dass er ab und zu den Ansatz des Pinsels nach unten drückte, wodurch sich die graue Farbe verteilte. Anfangs waren seine Bewegungen langsam und überlegt. Als das Bild jedoch mehr und mehr ausgefüllt wurde, wurden seine Pinselstriche immer schneller. Es war erstaunlich zu sehen, mit wie viel Energie und Lebendigkeit dieser alte Mann sich bewegte. Es war, als würde er aus seiner Kunst, während sie Form annahm, Chi ziehen, das er mit den folgenden Pinselstrichen wieder in sein Bild einfließen ließ.

Jikihara brauchte 25 Minuten, um sein Werk zu beenden. Die letzten Spuren, die er hinterließ, waren zarte, genau gesetzte Berührungen des Pinsels. Ich sah, wie noch der kleinste Strich an diesem Punkt die Kraft

besaß, die Wirkung und Stimmung des Bildes entscheidend zu verändern. Schließlich trat Jikihara von seinem Bild zurück und nahm es in sich auf. Dann schrieb er ein kurzes Gedicht an den Rand und legte den Pinsel hin. Wir applaudierten; er verneigte sich.

Jikiharas Gemälde war eine klassische Darstellung des chinesischen Eremiten und Dichters Hanshan (jap. Kanzan) und seines Dichter-Kollegen Shide (jap. Jitoku, wörtlich: »Der Findling«), die im 7. Jahrhundert lebten – zwei Einzelgänger, die sich in der Tang-Dynastie auf dem »Kalten Berg« angesiedelt hatten.

Hanshan war ein armer, exzentrischer Gelehrter, der sich in den Bergen in eine Höhle zurückgezogen hatte. Er hüllte sich in Lumpen. Shide arbeitete in der Küche eines nahe gelegenen Tempels und gab Hanshan manchmal Reste, die er mit nach Hause nahm. Hanshans Gedichte, die er auf Bäume, Felsen, Häuser und die Wände seiner Höhle schrieb, wurden von Lujiu Yin zusammengetragen. Seine Sammlung umfasst mehr als 300 Gedichte, von denen die meisten Hanshan und einige Shide zugeschrieben werden.

In Jikiharas Darstellung lesen die beiden Gedichte, die auf einer Schriftrolle stehen, und lachen miteinander. Sie waren bekannt für ihre tiefe Einsicht und einfache Lebensweise. Im Lauf der Geschichte wurden sie ein beliebtes Thema in der Malerei und sind auf zahlreichen Bildrollen zu sehen. Jikihara fügte diesen Darstellungen eine weitere hinzu, doch seine Pinselführung verlieh dem Sujet einen einmaligen und ganz neuen Ausdruck, voller Fröhlichkeit, Leichtigkeit und einem tiefen Sinn für das Leben.

Soen Roshi hatte ebenfalls eine beispiellose Begabung, in seiner Kalligrafie vollkommen frei zu sein, eine Fähigkeit, die die Grenze zwischen Kunst und Leben verwischte. Als ich das Haus eines Freundes besuchte, der mit Soen Zen studierte, fiel mir eine wässrige, rote Kalligrafie auf, die in seinem Wohnzimmer über der Bar hing und von Soen signiert war. Ich vermutete, dass irgendeine Geschichte dahinter steckte und fragte meinen Freund – dies war tatsächlich der Fall.

Während eines Besuchs bot mein Freund Soen etwas zu trinken an. Soen deutete auf eine verführerische Flasche mit Grenadine-Sirup. Der Gastgeber versuchte Soen davon zu überzeugen, etwas anderes auszuwählen, und erklärte ihm, dass Grenadine normalerweise nicht unverdünnt getrunken wird, doch Soen bestand auf seiner Wahl. Mein Freund goss ihm einen guten Schluck in ein Cognac-Glas. Als Soen es an die Lippen führte, erkannte er seinen Fehler. Ohne eine Sekunde zu zögern, stellte er das Glas auf die Bar zurück. Doch anstatt den Drink auszuschütten, bat Soen meinen Freund um einen Pinsel. Dann schrieb er eine wunderbare Kalligrafie, indem er den Sirup als Tusche benutzte.

Jemand, der in einer Kunst Meisterschaft erlangt,
wird sie in jeder Handlung ausdrücken.

Samurai Maxime

Soen lehrte Zen genauso befreiend, wie er seinen Pinsel führte. Er hielt sich an die Tradition, ließ sie jedoch nie starr, vorhersagbar oder konventionell werden. Man musste auf der Hut sein, wenn man mit ihm studierte, und durfte nichts für selbstverständlich halten. Er war stets voller Überraschungen.

Eine meiner Bekannten nahm einmal an einem Sesshin (einer Meditations-Klausur, die in Schweigen stattfindet) teil, das Soen in einem Haus leitete, wo der Raum für Dokusan – die Begegnung von Meister und Schüler unter vier Augen – im ersten Stock lag und von der Meditationshalle aus nur über eine Treppe zu erreichen war. Sobald eine Glocke geschlagen wurde, musste die nächste Person zu Soen hinaufgehen. Als sie an der Reihe war, berichtete mir meine Bekannte später, schaute sie auf und sah, dass Soen am Geländer im ersten Stock stand. Er winkte ihr zu und rief: »Mach schon! Schnell! Schnell!« Sie rannte die Stufen hoch. Als sie oben angekommen war, packte Soen sie am Arm und eilte mit ihr den Flur entlang zum Dokusan-Raum. Dort öffnete er schnell die Fensterläden, streckte den Finger aus und sagte: »Schau!« Ein riesiger voller Mond, vollkommen in seiner Rundheit, ging gerade hinter den Bergen auf. Sie sagte zu mir, dass sie diesen Mond nie vergessen werde. Und Soen auch nicht.

In der künstlerischen Aktivität verweist die Regel der Nicht-Regel – anders gesagt: Spontaneität – auf einen Prozess, der organisch, intuitiv und nicht eingeübt ist. Spontaneität ist eine zutiefst menschliche Eigenschaft; sie ist ungebändigt und kann nicht erlernt werden. Sie ist die Wahrheit, die keinen Lehrer braucht. Niemand kann Ihnen Spontaneität vermitteln. Wieso? Weil Sie sie bereits besitzen. Sie muss einfach nur geweckt und ausgedrückt werden. Sie muss erkannt und verwirklicht werden. Sie sind der Einzige, der dies tun kann. Sie sind die Einzige, die Spontaneität praktizieren kann.

Womit soll ich die Welt vergleichen?
Mondlicht, gespiegelt in Tautropfen,
die vom Schnabel eines Kranichs fallen.

EIHEI DOGEN

Spontaneität zeigt sich in einer Kunst, die nicht gewollt oder gemacht ist. Natürliche Kunst drückt die direkte Erfahrung der Wirklichkeit eines Künstlers aus, die Vielfalt eines Universums, das jeder von uns jeden Moment erfährt, ohne dass das Selbst darin eine zu große Rolle einnimmt.

Als ich neun Jahre alt war, lernte ich bei einem Musiklehrer, Klarinette zu spielen. Bis ich sechzehn war, übte ich jeden Tag. Als ich zur Navy ging, vergaß ich die Musik. Etwa fünfundvierzig Jahre später restaurierte einer meiner Zen-Schüler eine wunderschöne Klarinette und schenkte sie mir zum Geburtstag. Als ich sie auspackte, baten mich meine Geburtstagsgäste gleich, sie zu spielen. Ich war begeistert, nach so vielen Jahren wieder eine Klarinette in den Händen zu halten, und legte auf der Stelle los. Ich spielte ein ganzes Stück ohne einen falschen Ton. Eigentlich war es so, dass das Stück sich selber spielte. Alle applaudierten und baten mich, noch etwas zu spielen, aber bevor ich wieder anfangen konnte, setzten meine Gedanken ein: »Ich habe jahrelang nicht gespielt. Was, wenn ich einen Fehler mache? Was, wenn ich mich blamiere?« Und so weiter. Ich stellte mich plötzlich ungeschickt an. Nachdem mein Geist unruhig geworden war und ich mich um das sorgte, was ich angeblich zu vollbringen hatte, war ich innerlich wie gelähmt.

Wenn wir spontan sind, verfolgen wir weder Vorstellungen noch Pläne. Spontaneität ist nicht am Ergebnis interessiert. Der Zen-Meister Daito Kokushi war zwar ein sehr berühmter Lehrer, aber auf Ansehen oder Ruhm war er nie bedacht. Im Jahr 1282 kam er in einer Samurai-Familie auf dem Land westlich von Tokio zur Welt. Nachdem sein Lehrer, Daito Kokushi, ihn als Zen-Meister anerkannt hatte, zog er sich in die Einsamkeit zurück. Er trug eine Robe aus Gras und lebte später in Kyoto mit den Bettlern unter der Brücke an der 5. Straße.

Der Kaiser, der unbedingt wollte, dass Daito an seinem Hof lehrte, schickte eine Gruppe Soldaten aus, die ihn aufspüren sollte. Da der Kaiser wusste, dass Daito Melonen liebte, wies er seine Soldaten an, jedem Bettler eine Melone so anzubieten, dass nur Daito darauf reagieren

konnte. Die Soldaten hatten einen Wagen voller Melonen bei sich, und immer, wenn sie einem Bettler begegneten, sagten sie: »Nimm diese Melone, ohne deine Hände zu benutzen.« Schließlich trafen sie auf Daito. Ein Soldat wiederholte die Aufforderung. Ohne auch nur einen Moment lang zu zögern, entgegnete Daito: »Dann gib sie mir, ohne deine Hände zu benutzen.«

Die Soldaten ergriffen ihn und brachten ihn an den Hof. Auf Bitten des Kaisers gründete er das Kloster Daitokuji – eines der Klöster, in denen Rikyu Jahrhunderte später die Teezeremonie gelehrt haben soll.

Ein weiteres Merkmal der Zen-Künste – und eng mit Spontaneität verwandt – ist Verspieltheit. Sie drückt sich meist als Humor aus, oder als die Bereitschaft, unkonventionell, ja sogar respektlos zu sein. Der indische Mönch Bodhidharma, der als Gründer der Zen-Schule gilt und im Zen-Buddhismus als eine Art Heiliger betrachtet wird, wird oft als der »zahnlose alte Barbar« bezeichnet. Chinesische und japanische Zen-Portraits zeigen ihn als groben, alten Gesellen, der keine Augenlider hat. Legenden zufolge soll der Meister sich die Augenlider ausgerissen haben, um während des Zazen nicht einzuschlafen. Da, wo sie hinfielen, so wird erzählt, wuchsen Teepflanzen aus der Erde. Aus diesem Grund trinken Zen-Mönche traditionell grünen Tee, um während der Meditation wach zu bleiben. Bodhidharma ist eine der wichtigsten Gestalten des Zen-Buddhismus, aber die einzigen Portraits, die wir von ihm haben, sind Karikaturen.

Meister Hakuin, dem wir einige der respektlosesten Portraits von Bodhidharma verdanken, spickte seine Schriften, Kalligrafien und Gemälde immer wieder mit Humor. Seine Darstellungen sind stets überraschend. Sie sind schneidend in ihren sozialen und spirituellen Kommentaren, aber selbst dann, wenn sie sich über unsere Schwächen und dunklen Seiten lustig machen, sind sie nie giftig. Hakuins Kunst erinnert uns daran, dass wir uns selbst (und unsere Kunst) nicht zu wichtig nehmen sollen. Unter seinen Werken findet sich eine Darstellung, die den Titel »Heilung von Hämorriden« trägt. Sie zeigt Otafuku, eine nicht sehr angesehene Kurtisane, die den Hintern eines Kunden mit Moxa behandelt. Im begleitenden Gedicht heißt es:

> Sieht so aus, als hätte er Hämorriden –
> also gebe ich ihm etwas Feuer.

金
金
壽
壽

Verspieltheit in den Zen-Künsten bedeutet nicht, dass sie einfältig, flach oder vereinfachend sind. Eher drückt sich darin die Freiheit aus, die Umstände unseres Lebens so einzusetzen, dass wir uns freudig und ganz fühlen.

Soen verkörperte diese fröhliche Freiheit. Einmal reiste eine Gruppe Zen-Studentinnen und -Studenten nach Japan zum Ryutakuji-Tempel in Mishima, um ihn dort in einer Hütte zu besuchen, in der er lebte, seit er sich zur Ruhe gesetzt hatte. Jemand aus der Gruppe erzählte folgende Geschichte: Viele Jahre hatte Soen keine Besucher empfangen, aber diesmal stimmte er zu und lud alle in seine Klause zum Tee ein. Obwohl die meisten unter ihnen jahrelang mit ihm studiert hatten, waren alle spürbar befangen und vor ihrem Lehrer verlegen. Nachdem ungefähr eine halbe Stunde mit stockender Konversation und nichts sagendem Gerede vergangen war, entschuldigte sich Soen und verschwand in einem Zimmer im oberen Stockwerk.

Ein paar Minuten später erschien er wieder auf dem Treppenabsatz. Sein Gesicht war mit einer Noh-Maske bedeckt. Er steckte seinen Kopf durch das Treppengeländer und drehte ihn nach rechts und links, als ob er die Menschen unten beobachten würde. Dann kroch er auf allen Vieren die Stufen hinunter, umkreiste den Tisch und blickte jedem einzelnen seiner Besucher ins Gesicht. Alle fingen an zu kichern und brachen schließlich in lautes Gelächter aus. Am Ende, nachdem er die letzte Person angeschaut hatte, trat Soen zurück, riss sich die Maske vom Gesicht und sagte: »Ich habe meine Maske abgenommen. Jetzt nehmt eure ab!«

Noh ist eine im Mittelalter entstandene Form des japanischen Theaters, das traditionell von der Kriegerkaste ausgeübt wurde. In ihm verbinden sich Elemente von Tanz, Musik, Drama und Lyrik. Genau genommen ist Noh keine Zen-Kunst, sondern Ausdruck der von Zen beeinflussten japanischen Kultur. Doch gewisse Elemente der Zen-Ästhetik finden sich auch im Noh, insbesondere Yugen, das Mystische. Daneben finden sich aber auch Einfachheit, Kargheit und das Spiel der Andeutung. In der Überzeugung, dass die tiefsten menschlichen Regungen nicht in Sprache übermittelt werden können, werden Gefühle in dieser Theaterform eher poetisch ausgedrückt und verschleiert, anstatt sie direkt darzustellen.

Masken – wie die, mit der Soen eine so große Wirkung erzielte – spielen im Noh eine zentrale Rolle. Sie bedecken das ganze Gesicht und können durch die Kombination des Lichts und der Kopfbewegungen des Schauspielers eine Fülle von Empfindungen ausdrücken. Diese Veränderungen ahmen die natürlichen Gefühlsbewegungen nach, wie sie

sich in der Bewegung unserer Gesichtsmuskulatur ausdrücken. Das lebensechte Spiel der Masken ist legendär. Sie werden gesammelt und als Kunstwerke ausgestellt.

Ganz gleich, ob Zen ernsthaft oder verspielt, witzig oder bewegend ist, auf jeden Fall ist es lebendig, weil es spontan ist. Wenn Sie diese Spontaneität in Ihrem Leben, in Ihrer Arbeit erfahren wollen, sollten Sie Ihre Energie nicht mit Urteilen oder zu viel Nachdenken verschwenden. »Das ist ein gutes Foto; das ist ein schlechtes Foto. Das mag ich; das mag ich nicht.« Das ist nichts anderes als intellektuelles Gestrüpp, Verstrickungen, die uns davon abhalten, wirklich mit unserem kreativen Herz in Berührung zu kommen.

Natürlichkeit, Spontaneität und Verspieltheit sind Aspekte eines natürlichen Geistes, der einen Blick der Dinge, so wie sie sind, erhascht. Das Leben in seiner Fülle zu erfahren heißt, es in all seinen Facetten zu erkennen. Das Tor zu dieser Erfahrung ist der kreative Prozess.

Tauchen Sie bitte tief in ihn ein. Geben Sie ihm die Chance, das zu tun, was er tun kann. Widmen Sie sich ihm vollkommen, mit dem ganzen Körper und Geist. Dann wird diese schrankenlose Art zu sein früher oder später Ihre eigene werden. Sie wird zwar niemals einen Sinn ergeben, und Sie werden nie in der Lage sein, sie irgendjemandem zu erklären, aber Sie werden sie erfahren, und dadurch wird sie Wirklichkeit.

Außergewöhnlich ist unsere Berufung, Freund!
Schöpferische Kunst verlangt den Dienst
des Geistes und des Herzens

WILLIAM WORDSWORTH

Die Praxis des Kunst-Koan: Das ausdrücken, was die Dinge sind

Im fünften Kapitel haben wir uns damit beschäftigt, das auszudrücken, was die Dinge »noch« sind. Jetzt werden wir einen Blick auf das werfen, was die Dinge sind, also darauf, was einen Gegenstand unmissverständlich aus einer Reihe ähnlicher Objekte hervorhebt. Der Unterschied beruht möglicherweise nicht nur auf einem einzigen Merkmal. Sehr wahrscheinlich unterscheidet sich dieser individuelle Gegenstand aufgrund mehrerer Merkmale von anderen, die ihm ähnlich sind.

Es ist wichtig, dass Sie Ihre Ideen über die Einzigartigkeit des Gegenstandes nicht mit Ihrer direkten, greifbaren Erfahrung verwechseln. Versuchen Sie zu erkennen, was im Moment Ihrer Auseinandersetzung mit dem Gegenstand tatsächlich geschieht. Lassen Sie sich von Ihrer Gruppe für kreatives Feedback darin unterstützen zu verstehen, ob sie die Einzigartigkeit, das »Eigen-Sein« des Gegenstandes erfolgreich ausgedrückt haben.

Elf

Mysterium

Morgendunst, der über dem Eingang zum Tal schwebt,
lässt viele die Quelle verfehlen.

John Daido Loori

Das chinesische Schriftzeichen für »Mysterium«, Yugen, ist dasselbe Zeichen wie das für »Berg«. Es sieht aus wie der umgekehrte Buchstabe T mit zwei Schnörkeln an jeder Seite der vertikalen Linie. Diese steht für den Berg, und die Schnörkel repräsentieren den Nebel, der über dem Tal liegt und eine gewisse Ahnung des Verborgenen suggeriert.

Das Mysterium steht für uns meist in Verbindung mit den dunkleren Seiten des Lebens, mit Tod und der Angst vor dem Unbekannten. In Religion und Kunst ist das Mysteriöse jedoch das Licht selbst. Es ist das Lebensblut, das durch jede wirkliche Religion und künstlerische Praxis pulsiert. Das Mysterium ist ein nagendes Gefühl, ein Jucken, wenn man so will, das wir nicht wegkratzen können; es ist die Kraft, die uns auf unserer spirituellen und kreativen Reise vorantreibt. Sie aktiviert die grundlegenden Fragen unserer Existenz. Sie stimuliert jede wahrhaftige wissenschaftliche Forschung. Sie lädt uns ein, um die nächste Ecke zu blicken – in die Dunkelheit.

Das Mysterium ist der Same der Entdeckung. Der Begriff »mystisch« bedeutet: Ein spiritueller Sinngehalt, der weder mit den Sinnen erfasst werden kann noch dem Intellekt direkt zugänglich ist. Es ist die direkte, subjektive Kommunikation mit der absoluten Wirklichkeit. Es ist eine Kommunikation, für die unser Intellekt nicht aufnahmebereit ist. Wir können sie nicht sehen, hören, riechen, schmecken, berühren oder denken. Sie ist subtil, bringt uns ins Rutschen, lässt sich unmöglich festlegen oder erklären. Und doch sind wir uns ihrer Präsenz bewusst, und sie hat reale Auswirkungen auf uns.

Drei Elemente sind wichtig, damit wir diese subtilen Qualitäten des Mysteriösen wahrnehmen können: Vertrauen in unsere spirituelle Praxis, Vertrauen in den kreativen Prozess und, am wichtigsten, Vertrauen in uns selbst. Wenn einer dieser drei Pfeiler fehlt, bricht die gesamte Kon-

struktion zusammen, und wir ziehen uns in das Schneckenhaus der angeblichen Sicherheit zurück. Wir vertrauen einfach, auch wenn wir weder erklären noch rechtfertigen können, wieso wir tun, was wir tun.

Über die Jahre wurde ich immer wieder gefragt, wieso ich mich dazu entschlossen habe, Zen-Priester zu werden. Ich weiß es nicht. Ich kann mir viele einleuchtende Erklärungen ausdenken, aber die tatsächliche Kraft, die mich in diese Richtung lenkte, kann ich nicht beschreiben. Offen gestanden glaube ich auch nicht, dass das so wichtig ist.

Als ich mich für Minors Workshop an der Hotchkiss School anmeldete, musste ich, bevor ich angenommen wurde, bestimmte persönliche Informationen an eine Astrologin schicken, die mein Horoskop erstellte. Als Wissenschaftler mit langjähriger Erfahrung fand ich das lächerlich, aber da ich unbedingt von Minor lernen wollte, spielte ich mit.

Charlotte, die Astrologin, erklärte mir, dass alles, was ich in den kommenden zehn Jahren tun würde, einzig und allein der Vorbereitung auf das höchste Ziel meiner Lebensaufgabe dienen würde.

»Was wird das sein?«, fragte ich.

Charlotte antwortete: »Sie werden ein angesehener Priester in einer merkwürdigen Religion sein.«

Ich prustete los. »Charlotte, Sie wissen nicht, wie falsch Sie damit liegen! Das kann nicht sein.«

Sie warf einen Blick auf das Horoskop. »Doch. Es ist ganz deutlich.« Sie nickte nachdrücklich. »Sie werden ein Priester sein.«

»Was ist mit der Fotografie?«, wollte ich wissen.

Sie überlegte kurz. »Ja, Fotografie wird auch eine Rolle spielen, aber nur nebenbei. Ihre eigentliche Richtung ist diese Religion. Und noch wichtiger als die Fotografie werden Bücher sein. Sie werden viele Bücher schreiben…«

Ich unterbrach sie. »Bücher über Fotografie?«

»Nein, über diese Religion.«

Ich versuchte gar nicht erst, mit ihr zu diskutieren. Damals konnte ich mir nicht im Entferntesten vorstellen, Priester irgendeiner Religion zu sein. Als meine Reise sich entfaltete, folgte ich jedem Schritt, wohin er mich führte, und sagte mir immer wieder, dass nichts davon irgendeinen Sinn habe. Nach und nach hörte ich auf, meinen Erfahrungen einen Sinn geben zu wollen und überantwortete mich dem, was für mich bereitlag.

Zehn Jahre später sah niemand einen Sinn darin, als ich Grund und Boden für das Zen Arts Center erwarb – ich aber vertraute meiner Intuition. Ich hatte kein Geld, keine Gruppe, die mich unterstützte und keine konkreten Pläne, und dennoch entschloss ich mich, den Grundstückskauf mit einem Handschlag zu besiegeln, weil ein Blaureiher über den Besitzer und mich hinweggeflogen war, als wir das Gelände besichtigten.

Einige Jahre zuvor hatte ich im Rahmen eines Projekts den Zug der Meeresvögel entlang ihrer Flugrouten an der Ostküste fotografiert. Über mehrere Jahre verbrachte ich jeden Frühling einige Wochen damit, den Zügen von South- und North-Carolina nach Maine im Norden zu folgen und an der Küste zu fotografieren. Ich stellte eine umfangreiche Sammlung von Bildern zusammen, aber irgendwie war es mir nie gelungen, eine gute Aufnahme eines Blaureihers zu machen. Ich versuchte es an unterschiedlichen Orten, aber dieser scheue und majestätische Vogel flog immer davon, bevor ich ihn fotografieren konnte.

Nach vielen Versuchen, die irgendwann zu einer Obsession geworden waren, gab ich es auf. Schließlich hatte ich den Vogel vergessen. Doch ein Jahr später, als ich in der Nähe meines Hauses an einem Teich entlangfuhr, sah ich die Silhouette eines Blaureihers, der im flachen Wasser stand. Ich hielt an und beobachtete ihn. Der Vogel bemerkte mich, flog aber nicht davon. Ich stieg aus dem Wagen und holte meine Kamera und das Stativ heraus. Der Reiher beobachtete mich, anscheinend ohne Angst. Ich hatte den Eindruck, dass er mir gestattete, in seiner Gegenwart zu sein.

Ich begann zu fotografieren. An einem bestimmten Punkt schien der Reiher vor meiner Linse Modell zu stehen – unbewegt und voller Würde. Schließlich beendete ich meine Aufnahmen und verneigte mich. In diesem Moment flog er davon. Wieso hatte gerade dieser Vogel, nach so vielen Jahren, in denen ich versucht hatte, seine scheuen Artgenossen abzulichten, mir erlaubt, ihn zu fotografieren? Vielleicht, weil ich die Erwartung, dieses Foto zu machen, losgelassen hatte? Oder weil das Gelände rund um den Teich offen war und der Reiher sich nicht bedroht fühlte? Wichtiger jedoch: Haben diese Antworten wirklich eine Bedeutung? Welches Gewicht hat eine rationale Erklärung im Vergleich mit der Schönheit und dem Mysterium unseres Lebens?

Als ich auf dem Gelände des Benediktinerklosters stand, das ich im Begriff war zu kaufen, zeigte sich der Blaureiher erneut als Ohmen. Meine Freunde sagten mir, dass ich verrückt sei: »Die einzige Möglichkeit zu verhindern, dass du bankrott gehst, besteht darin, diesen Ort in ein Restaurant zu verwandeln, eine Pension oder einen Nachtclub. Wer in Gottes Namen will schon ein Zen Arts Center auf dem Mount Tremper besuchen? Wo *ist* Mount Tremper überhaupt?« Es machte wirklich kei-

nen Sinn. Aber zu jener Zeit hatte ich mich schon mit meiner Intuition angefreundet, und so folgte ich ihr einfach und machte mich ohne zu zögern und ohne Erwartungen auf den Weg in die Dunkelheit und den Reichtum des Mysteriums.

In meinen Fotografie-Workshops forderte ich die Teilnehmerinnen und Teilnehmer auf, sich ohne Erwartungen auf den Weg zu machen und zu fotografieren. Wenn Menschen vor diese Aufgabe gestellt werden, fangen die meisten im selben Moment an, darüber nachzudenken, was sie wie fotografieren können. Wenn wir jedoch mit einer Idee losziehen, verschließen wir uns vor den vielen Möglichkeiten, die jenseits unserer Ideen liegen. Wenn wir ein bestimmtes Resultat erwarten, können nur zwei Dinge eintreten: Entweder finden wir das, wonach wir suchen, oder nicht. Beides macht uns blind für alle anderen Möglichkeiten. Erwarten Sie nichts, weder im Leben noch in der Kunst. Öffnen Sie sich dem Entdecken. Genießen Sie das Mysterium. Alle guten Dinge sind in dunklen Ecken versteckt. Genau das verleiht dem Leben seine Bedeutung und Kraft.

Das menschliche Vorstellungsvermögen ist unendlich kraftvoll und tief. Es erlaubt jeder und jedem in ein Kunstwerk das einzubringen, was in ihr oder ihm einmalig ist. Fünf Menschen, die ein Gemälde betrachten, werden es nicht in der gleichen Weise sehen. Und doch wird das Kunstwerk zu jeder und jedem Einzelnen in seiner Sprache sprechen. Das ist das Wunder des Mysteriums.

Pfeil und Bogen, die 1 000 Pfund wiegen,
werden keine Maus treffen.

JAPANISCHES SPRICHWORT

In der Kunst berühren wir das Mysterium durch Zurückgenommenheit und Anspielung. Alles Rätselhafte scheut das Licht der Enthüllung und Erklärung. In den frühen Jahren des Kinos zeichneten sich viele Filme durch Zurückgenommenheit und Anspielung aus. Damals konnten Regisseure das Herz durch Andeutungen zum Rasen bringen; sie überließen es dem Geist, die Leerstellen zu füllen. Später schaffte es Hitchcock, uns durch einen vorbeiziehenden Schatten in Angst und Schrecken zu versetzen. Im Gegensatz dazu setzen moderne Filme unverhohlen auf Schockeffekte; sie machen den Zuschauer zu einem Voyeur, statt zu

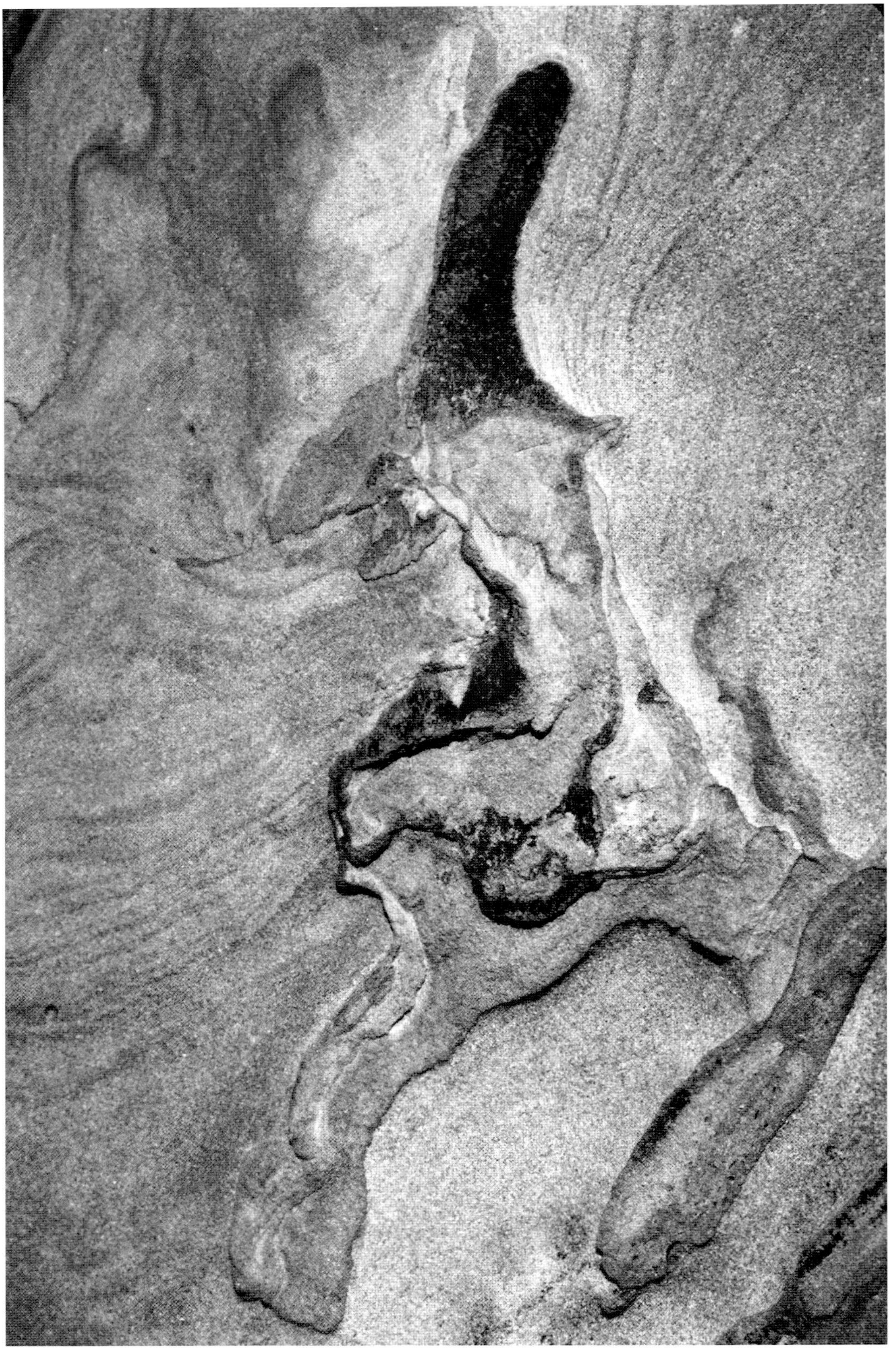

einem aktiven Teilnehmer. Gegenwärtige Kriegsfilme zeigen Grausamkeiten und zerberstende Körper in Zeitlupe.

In einer Sammlung von Fotos und Gedichten, die Minor White während des Zweiten Weltkriegs produzierte, gibt es keine Aufnahmen von der Front, keine direkte Gewalt, kein Blut. Es sind einfach nur Portraits der Soldaten. Und doch finde ich in ihnen mehr vom Schrecken und der Trostlosigkeit des Krieges und des Todes, als in den eindeutigen Bildern und Berichten der Nachrichtenagenturen, mit denen wir heute alle gefüttert werden.

Zen-Kunst hat ein offenes Ende. Der *enso* oder Zen-Kreis, ein Symbol der Erleuchtung, ist fast immer offen. Das fehlende Stück soll vom Betrachter ergänzt werden. Indem er die Arbeit des Pinsels vollendet, wird der Betrachter einbezogen und kann in der Kunst die Erfahrung der Vollkommenheit machen. Haikus sind immer nur Momentaufnahmen, und doch kann ihre emotionale Wirkung sehr intensiv sein, da sie dem Leser den Raum geben, das Bild zu vervollständigen. Der Dichter stellt nur den Samen bereit.

Die Botschaft der Zen-Kunst wird nie ausbuchstabiert, sie zieht uns hinein, sie lädt uns ein, tiefere Schichten der Erfahrung zu sondieren. Die Steingärten des Zen scheinen sehr einfach zu sein – nur ein paar Felsen und geharkter Kies. Wenn wir uns jedoch die Zeit nehmen, dieses Ensemble tiefer zu erforschen, darin sitzen, beobachten, wie das Licht wechselt, werden wir immer deutlicher erkennen, wie alle Elemente sich permanent verändern, wie sich das grenzenlose Netz ihrer Beziehungen ständig verwandelt. Es gibt immer etwas Neues. Das Mysterium ist ständig gegenwärtig und erwartet uns in jedem Moment, bei jedem neuen Schritt.

Jede Kunst besitzt ein Mysterium, ihren spirituellen Rhythmus.

D. T. Suzuki

In den frühen 1970er Jahren, nach Minor Whites Workshop und meiner ersten Begegnung mit Zen, zog ich ganz in die Nähe des Dai Bosatsu-Klosters. Das Bauernhaus, in dem ich mit meiner Frau und meinem Sohn lebte, stand in der Nähe des Delaware River. Auf seinem Gelände gab es einen Getreidespeicher, der jedes Mal, wenn ich an ihm vorbeikam, zu mir zu sprechen schien, mich einlud – mich anflehte, so wirkte es manchmal – ihn zu fotografieren.

Im Sommer begann ich, Bilder von ihm zu machen, und setzte das durch die Jahreszeiten hindurch fort. Ich achtete darauf, ihn zu verschiedenen Tageszeiten aufzusuchen. Zwei Jahre lang ging das so, Tag für Tag. Am Ende dieser Zeit stellte ich eine Bild- und Ton-Reihe mit über 50 Aufnahmen zusammen, auf denen die vielen verborgenen Gesichter des Speichers zu erkennen waren, Einzelheiten, die einem zufälligen Betrachter leicht entgangen wären. Ist das nicht das, worum es in der Kunst geht – ein neues Licht auf die vielen unterschiedlichen Einzelheiten gewöhnlicher, alltäglicher Gegenstände zu werfen?

Ich habe Lieblingsorte, an denen ich fotografiere, Plätze, die immer von frischen Bildern überfließen. Einer davon ist der Delaware River. Seit 40 Jahren kehre ich immer wieder dorthin zurück. Eigentlich ist es ein unscheinbarer Landstrich mit fließendem Wasser und Felsen. Doch jedes Mal, wenn ich ihn besuche, erhalte ich großzügige Geschenke. Sie sind immer unterschiedlich. Jeder Felsen, jeder Grashalm, jede Spiegelung lockt mich. Ich werde das alles nie ausschöpfen können, egal, wie viel ich fotografiere.

Einmal, am Anfang meiner Zen-Reise, fotografierte ich dort, als mir plötzlich ein Bild ins Auge fiel, das mich stark anzog. Ich ließ mir Zeit, die großformatige Kamera, die ich bei mir hatte, aufzustellen. Nach vielen Vorbereitungen machte ich eine Aufnahme; mir war jedoch nicht klar, was ich abgelichtet hatte. Ich packte meine Kamera zusammen und ging weg. Nach ein paar hundert Metern bemerkte ich, dass irgendetwas in meinem Bewusstsein sich verändert hatte. Ich dachte über die Aufnahme nach und fragte mich, ob ich auch wirklich das gesehen hatte, was ich vorher zu sehen glaubte. Ich ging genau an die gleiche Stelle zurück, an der ich gestanden hatte, als ich fotografierte – die Abdrücke des Stativs waren noch im Sand –, aber das Bild war nicht mehr da. Ich kam zu dem Schluss, dass ich es mir nur eingebildet hatte.

Erst als ich den Film entwickelte, sah ich das Bild wieder. Ich rahmte die Aufnahme, und einige Zeit später, als ich an der Naropa University lehrte, besuchte mich ein tibetischer Lama. Er sah die Fotografie und sagte: »Oh, das ist der Bodhisattva Avalokiteshvara.« Ich hatte darin nur die abstrakte Abbildung eines Flussufers gesehen, aber ich war neugierig geworden und fragte: »Avalokiteshvara? Wie schreibt man das?« Ich schlug den Namen nach und fand heraus, dass Avalokiteshvara der Bodhisattva – eine Art Heiliger oder eine Gottheit – des Mitgefühls ist.

Es gibt immer einen Aspekt des Lebens, der Kunst, der religiösen Praxis, der sich uns entzieht. Genau darauf können wir vertrauen. Die drei Pfeiler des Vertrauens – in unsere spirituelle Praxis, in den kreativen Prozess, in uns selbst – müssen reifen, wenn wir frei werden wollen. Erlauben Sie sich, Sie selbst zu *sein*, und haben Sie keine Angst vor dem Unbekannten.

Wie die Zen-Künste, so ist auch das Leben ein Prozess, der sich unablässig entfaltet. Er ist grenzenlos, ohne Ecken. Wenn wir mit Koans arbeiten und sie betrachten, können wir immer weiter gehen. Unsere Wertschätzung eines Koan kann sich beständig vertiefen. Vor zwanzig Jahren waren wir noch nicht reif, das zu sehen, was wir jetzt sehen können. Und jetzt sind wir noch nicht reif, das zu sehen, was sich in zwanzig Jahren entfalten wird. Unser Geist ist noch nicht reif genug, es zu empfangen, egal, wie sehr wir uns anstrengen. Auch das ist Teil des Mysteriums.

Das Schönste, was wir erfahren können, ist das Mysterium. Es ist die Quelle jeder wahrhaftigen Kunst und Wissenschaft.

ALBERT EINSTEIN

Auch die Wahrheit entfaltet sich immer wieder neu. Sie kann nicht festgehalten werden. Wenn wir im Zen die Wahrheit in unserer Erfahrung praktizieren und bestätigen, dehnt sich unsere Sicht immer weiter aus. Praxis ist unbegrenzt. Wir machen uns unsere Ziele und Wünsche bewusst, wir praktizieren, erkennen die Wahrheit und verwirklichen sie als unser Leben. Dann kehren wir zu unseren Zielen und Wünschen zurück, wir praktizieren, wir erkennen die Wahrheit und verwirklichen sie. Es ist wie eine endlose Spirale, in der uns jede Drehung höher und höher führt. Neue, vorher unbekannte Perspektiven tauchen auf und öffnen sich. Wir können immer noch etwas weiter gehen, immer gibt es noch etwas bisher Ungesehenes.

Zwölf

Das Unausdrückbare ausdrücken

Das Dao kann weder mit Worten noch mit Stille ausgedrückt werden.
In diesem Zustand, der weder Sprache noch Schweigen ist,
kann seine transzendente Natur erkannt werden.

ZHUANGZI

Zhuangzi zufolge kann die transzendente Natur der Wirklichkeit nicht erkannt und ausgedrückt werden, solange wir nicht den Zustand verwirklichen, der weder Sprache noch Schweigen ist. Bis dahin werden wir nur den Schatten, Chimären und Echos der Wirklichkeit begegnen.

Dieses Kapitel befasst sich mit der grundlegenden Herausforderung, die Kunst und Zen miteinander teilen: das auszudrücken, was nicht auszudrücken ist – den mystischen Kern des Lebens, dieses Moments.

Wenn du es anschaust, ist es formlos;
wenn du es rufst, gibt es ein Echo.

FUYU

Worte trennen uns beständig von diesem Kern ab und schaffen trügerische Schubladen und Aufteilungen; sie reflektieren den dualistischen Aspekt unseres Geistes – und doch können Worte selbst dieser »Zustand, der weder Sprache noch Schweigen ist«, sein. Unter den vielen kunstlosen Künsten des Zen nimmt die Lyrik einen herausragenden Platz ein. Niemand kann die formale Zen-Schulung durchlaufen, ohne die Funktion der Sprache genau zu betrachten und die Fähigkeit zu entwickeln, Sätze zu finden oder Gedichte zu verfassen, die einer Situation gerecht werden und ihren Geist einfangen. Im Allgemeinen können diese Gedichte in drei Gruppen unterteilt werden: Gedichte, die von Einzelnen stammen, Gedichte, die als Opfergabe abgefasst werden, und Dharma-Worte – Gedichte, die von einem Zen-Priester oder -Meister stammen und Ausdruck der Lehre sind.

Die erste Gruppe, Gedichte von Einzelnen, umfasst Gedichte, die Ausdruck der Verwirklichung und Erleuchtung sind, sowie Sterbe-Gedichte. Viele Zen-Mönche haben ihre Einsichten oder Verwirklichungen im Laufe der Geschichte in Gedichten ausgedrückt. Huineng, der im Süden Chinas lebte, war ein Laie, der weder lesen noch schreiben konnte. Er wurde erleuchtet, als er einen Wandermönch hörte, der das *Diamant-Sutra* rezitierte. Als der Mönch die Zeile »Aktiviert den Geist, ohne irgendwo zu verweilen« vortrug, erfuhr Huineng tiefe Verwirklichung. Obwohl Huineng ein Analphabet und kein Buddhist war und das Sutra nie zuvor gehört hatte, war diese Zeile ein Impuls für seine Einsicht. Danach reiste er in den Norden, besuchte das Kloster des Mönchs und begegnete dem Abt, der seine Klarheit sofort erkannte. Doch da Huineng weder schreiben noch lesen konnte und es ihm an Bildung mangelte, schickte er ihn zur Arbeit in die Reismühle.

Eines Tages forderte der Meister die Mönche auf, ihre Einsicht in das Dharma auszudrücken. Er sagte zur Versammlung: »Die Wahrheit ist schwer zu verstehen. Merkt euch nicht sinnlos meine Worte, und glaubt nicht, dass darin eure einzige Aufgabe besteht. Jeder von euch sollte ganz frei einen Vers abfassen. Wenn die Bedeutung der Worte mit der Wahrheit übereinstimmt, werde ich demjenigen das Siegel der Verwirklichung übertragen.« Niemand, außer dem Hauptmönch, fühlte sich der Aufgabe gewachsen. Er schrieb ein Gedicht, das er an die Wand der Abtswohnung heftete. Es lautete:

Der Leib ist der Bodhi-Baum.
Der Geist ist wie ein klarer stehender Spiegel.
Poliere ihn allzeit mit Eifer.
Lass keinen Staub daran haften.

Als Huineng hörte, dass der Hauptmönch ein Gedicht verfasst hatte, ließ er es sich von einem Mitbruder vorlesen. Nachdem er den Vers vernommen hatte, sagte er: »Das stimmt nicht ganz.« Dann verfasste er sein eigenes Gedicht und bat seinen Mitbruder, es aufzuschreiben und an die Wand zu heften:

Im Grunde gibt es keinen Bodhi-Baum.
Auch keinen klaren Spiegel auf einem Gestell.
Im Ursprung gibt es kein Ding.
Worauf soll der Staub sich legen?

Der Meister des Tempels erkannte, dass Huinengs Gedicht »mit der Wahrheit in Einklang war« und übertrug ihm das Siegel der Verwirklichung. Die Tatsache, dass Huineng weder lesen noch schreiben konnte, hinderte ihn nicht daran, sein tiefes Verständnis der Natur des Universums auszudrücken.

Manchmal gab es Einwände gegen diese poetischen Darstellungen des Dharma; sie wurden nicht akzeptiert, wie im folgenden Koan, in dem Lingyuns Lehrer sein Gedicht zwar gutheißt, sein Dharma-Bruder jedoch nicht:

> Einst erfuhr Zen-Meister Lingyun Verwirklichung, als er Pfirsichblüten betrachtete. Daraufhin schrieb er folgendes Gedicht:
>
> Dreißig Jahre lang habe ich nach Erleuchtung gesucht.
> Viele Male sind Blätter gefallen und neue gewachsen.
> Ein flüchtiger Blick auf Pfirsichblüten,
> jetzt: keine Zweifel mehr – einfach nur dies.
>
> Er trug Guishan seine Einsicht vor. Guishan sagte: »Einer, der den Weg mit gereiften Ursachen betritt, wird ihn niemals wieder verlassen. Du solltest ihn gut bewahren.«
> Später hörte Xuansha davon und gab folgenden Kommentar ab: »Ihr habt recht verstanden, älterer Bruder. Aber den Zustand des Bewahrens habt Ihr noch nicht erlangt.«

Erleuchtungsgedichte sind Ausdruck der Erfahrung eines Einzelnen, der oder die einen Blick in die Natur der Wirklichkeit geworfen hat. Der Laie Dongpo war ein berühmter chinesischer Essayist, der ein tiefes Verständnis des unergründlichen Ozeans des Buddhismus erlangt haben soll und ein »Drache im Meer der Worte« war. Als Dongpo vom Klang eines Baches in einem Bergtal erleuchtet wurde, schrieb er das folgende Gedicht:

> Der Klang des Flusses im Tal
> ist seine breite, lange Zunge.
> Die Form des Berges –
> nichts anderes als sein klarer, reiner Körper.
> Im Laufe der Nacht:
> 84 000 Verse.
> Am nächsten Tag:
> Wie kann ich sie irgendwem unterbreiten?

Die Zahl 84 000 stand für die Anzahl der Atome im menschlichen Körper und zugleich für die unbegrenzten Manifestationen des Buddha des unermesslichen Lichts. 84 000 Lobgesänge; jede Zelle des Körpers ein Lobgesang, und plötzlich hörte Dongpo sie. »Wie kann ich den Leuten am nächsten Tag davon erzählen?«, fragte er sich. Als eine meiner Studentinnen diese Geschichte zum ersten Mal las, fragte sie mich: »Geht es dabei nicht darum, wie Menschen ihre angeblich höheren Einsichten mitteilen? Fragt er sich nicht, wie er das tun kann?« Aber vielleicht fragte Dongpo sich gar nicht: »Wie kann ich das mitteilen?«, sondern eher: »Wie kann ich dienen?«

Vielleicht versuchte er eine Antwort auf die Herausforderung zu finden, anderen gegenüber das auszudrücken, was unsagbar ist – die Herausforderung des Gebens. Denn was wäre der Sinn der Einsicht, wenn sie nicht weitergegeben, geteilt und in einer Weise eingesetzt werden könnte, um sowohl uns als auch andere zu nähren? Ist das nicht die ewige Frage, die sich jeder Künstler stellt – ja jeder Mensch, der ein wirklich sinnvolles Leben führen will? Was ist aufrichtiges Geben?

Meister Dogen, der diesen Vorgang kommentiert, sagt: »In dieser Nacht, als der Dichter erleuchtet wurde – war es der Klang des Flusses, der ihn zum Erwachen führte? Oder war es eher so, dass der Fluss durch den Dichter erleuchtet wurde? Wer könnte sagen, ob dies ein Liter Wasser ist oder ein Ozean, in den alle Flüsse fließen?« Für Dogen sind Berge, Flüsse und der Dichter nicht dualistisch, sondern sie bilden eine gemeinsame Wirklichkeit. Deshalb kann man nicht vom Dichter als Schöpfer dieser Verse oder vom Bach als Schöpfer des Klangs sprechen. Ursache und Wirkung fließen in einer einzigen Wirklichkeit zusammen.

In vielen Kulturen des Ostens und des Westens versucht man, im Bewusstsein des Todes zu leben und sich darauf vorzubereiten, diese Welt mit klarem Geist und in Würde zu verlassen. Die Frage von Leben und Tod spielt im Zen eine wichtige Rolle, und so wie das Leben in Gedichten gefeiert wird, so feiert man auch den Tod. Viele fortgeschrittene Praktizierende nehmen in Vorbereitung auf den Tod ein Bad, verfassen ein Sterbe-Gedicht, sammeln sich in Zazen und verlassen schließlich ihren Körper.

55 Jahre lang umspannte ich die gesamte Welt,
mit einem einzigen Sprung brach ich das Universum auf.
– Einfach nur dies –
Diesem ganzen Körper mangelt nichts.
Lebendig falle ich in den endlosen gelben Frühling.

Eihei Dogen

Zen-Meister Ikkyu lebte von 1394 bis 1481. Er galt als wilder, kühner Zen-Poet. Ikkyus Sterbe-Gedicht gehörte zu den Lieblingsgedichten meines Lehrers Maezumi Roshi. Es lautet:

Ich sterbe nicht.
Ich gehe nirgendwohin.
Ich werde hier sein.
Doch fragt mich nichts.
Ich werde nicht antworten.

Gedichte, die als Darbringung verfasst werden, schließen auch Glückwunsch-Verse und Lobreden mit ein. Was folgt, ist ein typisches Lobgedicht auf einen *shuso* (Hauptmönch oder -nonne), das nach dem erfolgreichen Abschluss seiner oder ihrer Dharma-Befragung verlesen wird, ein Initiationsritus, der einem Praktizierenden den Status eines Fortgeschrittenen verleiht:

Hochhalten,
niederlegen.
Sie führt das doppelschneidige Schwert,
trennt alles ab, was überflüssig ist.
Nichts behindert den Fluss
auf seiner Reise in den großen Ozean.
Wie Wolken, die dem Wind folgen,
hinterlässt das Vorüberziehende keine Spur.
Gut gemacht, Shuso! Gut gemacht!

Liturgische Gedichte sind von Zen-Priestern abgefasste Verse, die in der Zen-Liturgie, insbesondere bei Geburts- und Begräbniszeremonien, bei Gedenkfeiern und an bestimmten Feiertagen rezitiert werden. Diese

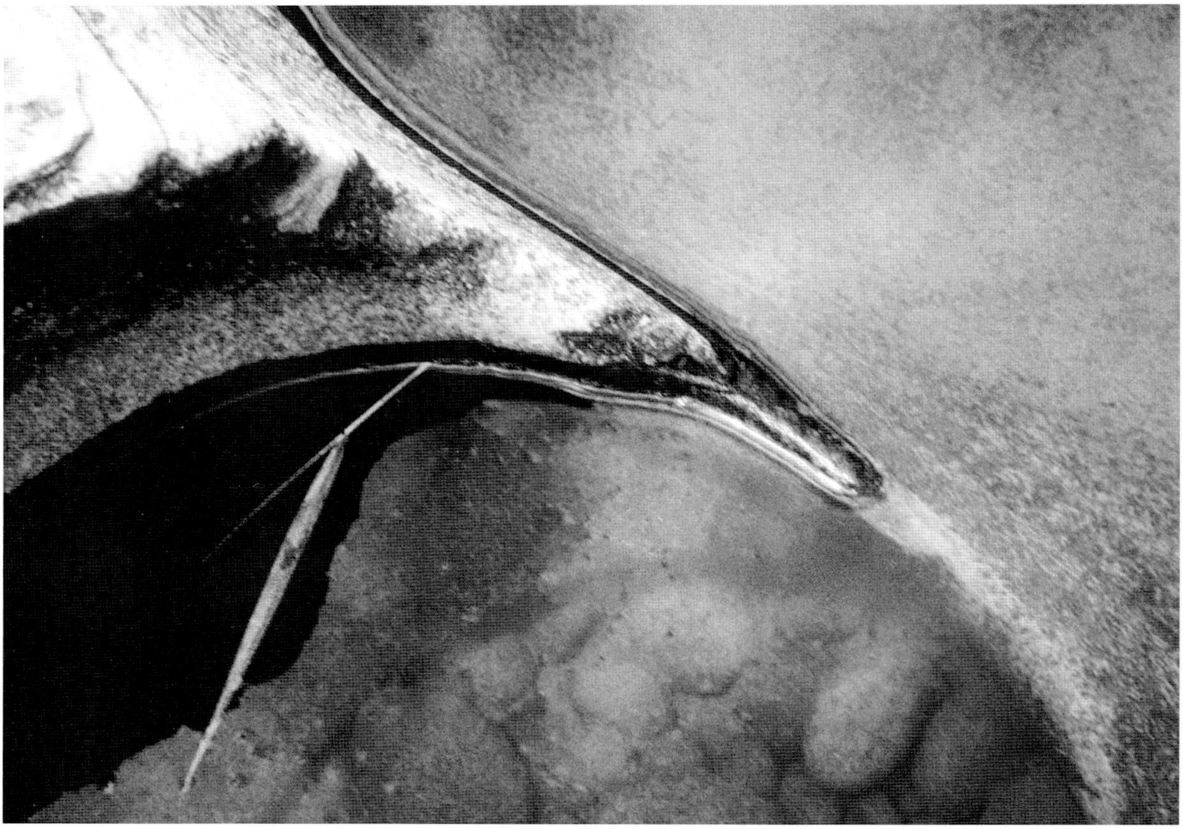

Gedichte sind integraler Bestandteil der Liturgie; sie werden vom ausführenden Priester selbst verfasst und vorgetragen. Es sind »Dharma-Worte«, in denen eine Lehre ausgedrückt wird, die dem Anlass entspricht. Zur Feier von Buddhas Geburtstag trug ich am Zen Mountain Monastery im Frühjahr 1999 folgendes Gedicht vor:

> Einhunderttausend gesegnete Leben
> geboren in einem einzigen Moment – So!
> Zeitlos und allein zwischen Himmel und Erde:
> Der von der Welt Verehrte.
> Generation auf Generation
> stellt sich der Frühling ein.
> Welche Worte können den süßen Duft
> der uralten Pflaumenblüten beschreiben?
> Ro-o-o-o!
> Aus dem Dunst des Tales
> steigt der Klang des ersten Morgens in die Luft.

»Ro-o-o-o!« ist ein Laut, der das Unsagbare artikuliert. Ähnliche Ausdrücke finden sich in vielen Gedichten, in denen die tiefe Bedeutung dessen, was der Priester zu sagen versucht, sich am Ende ganz einfach als Laut manifestiert. Der Zen-Schrei, der manchmal eingesetzt wird, drückt die Wahrheit in ähnlicher Weise aus.

Auch in der Auseinandersetzung mit Koans spielt die Lyrik eine wichtige Rolle. Viele Meister haben Koan-Sammlungen zusammengestellt, die sie in ihrer Schulung einsetzten. Dabei fügten sie den einzelnen Koans immer einen Vers hinzu, einen Fingerzeig sozusagen, der die Schüler darin unterstützen soll, das Koan zu entschlüsseln. In einer Ausgabe des *Eihei Koroku* stellt Meister Dogen jedem Koan, das er ausgewählt hat, ein Gedicht als Kommentar zur Seite. Sammlungen wie *Die torlose Schranke*, *Niederschrift von der smaragdenen Felswand* und *Buch des Gleichmuts* – alle auf Deutsch erschienen – sind klassische Beispiele für die Gegenüberstellung von Koans und Lyrik. In *Die torlose Schranke* hat Meister Wu-men folgenden Fall aufgenommen:

> Eines Tages fragte ein Ordensbruder Meister Fengxue: »Sprache und Schweigen sind in gleicher Weise dualistisch. Wie können wir frei sein und uns nichts zu Schulden kommen lassen?«

Fengxue antwortete mit einem Gedicht:

Wie lieb ist mir die Erinnerung an
Jiangnan im März –
die Pfauen rufen;
Blumen duften.

Meister Wu-men stellte dem Koan eigene Verse als Fingerzeig zur Seite:

Fengxue benutzte keine komplizierten Sätze.
Schon bevor er seine Lippen auftat,
wurde die Wahrheit offenbart.
Wenn ihr weiterhin einfach nur redet und plappert,
werdet ihr auf immer verloren sein.

Manchmal ist ein Gedicht selbst das Thema eines Koan, wie im Fall von »Yunmens ›Du liegst falsch!‹«:

Einst fragte ein Mönch Meister Yunmen: »Das Licht leuchtet still im Universum…«
Yunmen unterbrach ihn: »Ist das nicht Zhangzhuos Gedicht?«
»Ja, das ist es«, sagte der Mönch.
»Du liegst falsch«, entgegnete Yunmen.
Später sagte Meister Sixin: »Sagt mir, wieso lag er falsch?«

Andererseits finden sich in den Koans auch immer wieder poetische Antworten:

Eines Tages wanderte Changsha durch die Berge.
Nach seiner Rückkehr erkundigte sich der Hauptmönch: »Lehrer, wo seid Ihr gewesen?«
»Ich komme gerade von einer Wanderung durch die Berge zurück«, entgegnete Changsha.
Der Mönch fragte erneut: »Was habt Ihr dort getan?«
»Zuerst folgte ich den duftenden Gräsern«, sagte Changsha, »dann kehrte ich zurück, indem ich den fallenden Blüten folgte.«
»Ihr scheint voll des Frühlings zu sein«, bemerkte der Hauptmönch.
Daraufhin sagte Changsha: »Es ist noch besser als der Herbsttau auf den Lotosblättern.«

In seinem Kommentar zu diesem Koan bemerkte Meister Yuanwu: »Changshas Verstand war scharf und schnell. Wenn jemand ihn um die Lehren bat, gab er ihnen die Lehren. Wenn jemand ein Gedicht brauchte, gab er ihnen ein Gedicht.«

Da Sprache an sich begrenzt ist und die Wahrheit des Zen nicht vollkommen ausdrücken kann, griffen die Meister in alter Zeit zu radikalen sprachlichen Mitteln, um die Lehren zu kommunizieren. Meister Zhaozhou, Yunmen und viel später Dogen waren für einen Lehrstil bekannt, der »Lippen- und Mund-Zen« genannt wurde. Sie wählten immer wieder prägnante Aussprüche, die direkt auf das Herz der Sache zielten:

> Ein Mönch fragte Yunmen: »Welche Rede geht über Buddhas und Buddha-Vorfahren hinaus?«
> Yunmen antwortete: »Kuchen.«
>
> Ein Ordensbruder fragte Zhaozhou: »Welche Bedeutung hatte es, dass der Buddha-Ahne (Bodhidharma) aus dem Westen kam?«
> Zhaozhou entgegnete: »Die Zypresse im Garten.«
>
> Nach seiner Rückkehr aus China wurde Meister Dogen gefragt:
> »Welche Einsicht habt Ihr mitgebracht?«
> »Die Augen waagrecht, die Nase senkrecht.«

Diese Antworten zielen darauf ab, den unendlichen Strom der Gedanken zu unterbrechen und den Geist in Erstaunen zu versetzen, ihn in die ewige Gegenwart zu bringen, die weder die Welt der Phänomene noch der Bereich des Absoluten ist. Endlose Verwandlungen und Verkettungen werden auf eine äußerst knappe Antwort reduziert.

In seiner Klassifikation der Koans entwickelte Meister Hakuin eine Gruppe, die er *gonsen*-Koans nannte; es sind Fälle, die auf »das Studium und die Untersuchung der Worte« abzielen. Isshu Miura, ein moderner Meister, sagt über die Gonsen-Koans in seinem Buch *The Zen Koan*: »...da es im Grunde keine Worte und Aussprüche gibt, sind Worte und Aussprüche umso wunderbarer. Da das versteckte Tal ohne Vorlieben und Abneigungen ist, wirft es die Schritte aller, die es betreten, als Echo zurück. Gerade weil kein einziges Ding existiert, sind die Zehntausend Dinge umso rätselhafter. Da die große Glocke in sich selbst ohne Klang ist, hallt sie mit einer Flut von Klängen wieder, wenn sie angeschlagen wird.«

Eine andere Möglichkeit,
sich dem Objekt anzunähern, ist die,
es als unbenannt, unbenennbar zu betrachten.

FRANCIS PONGE

Gonsen-Koans sind Wortfallen, an deren Grund die Lehren liegen. Um sie zu lösen, muss man die Verstrickungen der Wörter durchqueren, hinter denen sich die Wahrheit des Koan verbirgt.

> Der Priester Nirvana aus Baizhang fragte Nanquan: »Gibt es ein Dharma, das die Weisen der Vergangenheit nicht ausgesprochen haben?«
> Nanquan antwortete: »Es ist nicht Geist, nicht Buddha, kein Ding.«
> Nirvana sagte: »Habt Ihr zu Ende gesprochen?«
> »Ich bin so. Wie steht es mit dir?«, entgegnete Nanquan.
> Darauf antwortete Nirvana: »Ich bin kein Lehrer. Wie soll ich wissen, ob es ein Dharma gibt, das ausgesprochen wurde oder nicht?«
> Nanquan sagte: »Ich verstehe nicht.«
> Nirvana erwiderte: »Euch habe ich schon genug gesagt.«

Die Lyrik »ohne Worte« wurde außerhalb des Rahmens der formalen Zen-Schulung in der Form des Haiku perfektioniert, in dem der Gegenstand fast so schnell losgelassen wird, wie er aufgenommen wurde. Haikus sind Öffnungen in die Wirklichkeit. Sie laden ein, sie zu betreten.

> Nichts sagen.
> Weder Gast noch Gastgeber
> und auch keine weiße Chrysantheme.
> RYOTA

Die Entwicklung, Verfeinerung und Popularisierung der Haikus war größtenteils das Werk von Matsuo Basho, der 1644 geboren wurde. Er war ein ernsthafter Zen-Schüler, der durch Japan reiste und die Kunst des *renga*, des Kettengedichts lehrte. Die Genügsamkeit in den Gedichten einiger seiner Vorgänger, unter ihnen der buddhistische Priester Saigyo und der Dichter Iio Sogi, beeinflusste Basho stark.

Als Bashos Stil reifte, verdichtete sich auch die Qualität seiner Werke. Eines seiner bekanntesten Haikus verfasste er während eines Gesprächs mit seinem Zen-Lehrer, als sie in einem stillen Garten saßen. Der Meister stellte ihm die Frage: »Was ist die Wirklichkeit vor der Grünheit des Mooses?« Als Basho sich mit ganzer Kraft auf diese Fragestellung konzentrierte, hörte er ein Geräusch und formulierte die folgenden Verse:

Der alte Weiher
ein kleiner Frosch springt hinein
Wasser platscht.

Es ist Täuschung, wenn wir uns selbst zwingen,
die Zehntausend Dinge willentlich zu üben und zu erfahren.
Es ist Erwachen, wenn die Zehntausend Dinge
uns selbst auf natürliche Weise üben und erfahren.

EIHEI DOGEN

Bashos Haiku beschreibt, was tatsächlich geschah – die Abendstille auf dem Land, die von einem Platschen unterbrochen wird. Als er den Frosch ins Wasser springen hörte, brachen aus Basho spontan die zwei letzten Zeilen des Gedichts hervor. Danach widmete er sich der ersten Zeile, die ein Empfinden der Zeitlosigkeit vermittelt. Mit diesem Gedicht verwandelte Basho das Haiku in eine literarische Kunst des Zen.

Während seiner Lebenszeit kannte man Basho jedoch nicht unbedingt als Verfasser von Haikus. Er bezeichnete die überlieferten Verse als *hokku* oder »Anfangsverse« der längeren Renga-Gedichte, für die er so bekannt war. Basho sagte: »Hokku ist einfach nur das, was hier, an diesem Ort, in diesem Moment passiert.«

Um Haikus zu schreiben, um mit diesem Augenblick vollständig vertraut zu werden, muss sich der Autor, wenn auch nur für einen Moment, von seinem interpretierenden Intellekt vollkommen frei machen. Der Geist muss mit der Welt verschmelzen, mit einem Detail dieser Welt eins werden – einem Platschen, einer Pfirsichblüte, einer Lichtreklame, die an der Autobahn leuchtet, dem Klang des Bergbachs. Der Dichter muss mit seinem Handwerkszeug durch den Filter des Intellekts schlüpfen und instinktiv das Bild nachzeichnen, das er im Inneren gesehen hat. Dazu sagt Basho: »Lasse dich beim Schreiben nicht um Haaresbreite vom Gegenstand ablenken. Drücke deinen Geist direkt aus; tauche ganz in deinen Gegenstand ein, ohne die Gedanken abdriften zu lassen.« Für einen Moment öffnet man sich der unsagbaren Wahrheit des Zen. Wenn das Selbst uns nicht im Wege steht, macht die Welt einen Schritt nach vorn.

Dichtung ist nichts anderes als ein Indiz des Lebens.
Wenn dein Leben richtig brennt, sind Gedichte seine Asche.

LEONARD COHEN

Gedichte werden oft auch in andere Zen-Künste integriert. Vielen Zenga-Darstellungen sind kurze Prosatexte oder Verse beigefügt, die *san* genannt werden. Diese San werden entweder vom Künstler oder anderen Personen abgefasst, um den religiösen Inhalt der Darstellung zu vertiefen und deutlich zu machen. Viele klassische Zenga sind visuell und poetisch ausgedrückte Koans. Die Natur ist das traditionelle Thema dieser Art der Darstellung. Man sagt, ein einziges Zenga der Natur kann, in Kombination mit einem San, eine Verkörperung unseres wahren Selbst sein. Im besten Falle sagen Bild und Worte gemeinsam etwas aus, was jedes für sich nicht ausdrücken könnte.

Mein Fotografie-Lehrer, Minor White, experimentierte mit der Kombination von Sprache und Bild. In einem Fall ging er sogar soweit, ein Gedicht direkt in die Oberfläche der lichtempfindlichen Schicht einzuschreiben. In den vergangenen 30 Jahren habe ich auch immer wieder Texte in meine Bilder hineingestellt. Ich habe dabei herausgefunden, dass diese Form eine Dimension eröffnet, die weder Foto noch Gedicht alleine ausdrücken können, eine Dimension, die den ästhetischen und spirituellen Inhalt vertieft. Ich war schon immer der Ansicht, dass Maler die Lyrik und Dichter die Malerei erforschen sollten, um ihre kreativen Vorstellungen zu erweitern.

Seit Jahrtausenden stehen Zen-Meister vor der Herausforderung, eine Lehre zum Leben zu erwecken, die sich im Grunde genommen nicht kommunizieren lässt – einfach, weil sie in jedem Einzelnen bereits vorhanden ist. Dichtung und Koans sind wirksame Mittel, um diese uns innewohnende Wirklichkeit zu erwecken.

Teil IV

Endloser Frühling

Setze die Last ab; nimm die Scheuklappen herunter.
Sieh selbst:
Genau dieser Platz ist das Tal des endlosen Frühlings.
Genau dieser Körper der Körper des Universums.

John Daido Loori

Dreizehn

Vertraute Worte

Die Wahrheit, die vor dem Klang liegt, die intuitive Wahrnehmung, die einem Satz folgt, werden im Zen »vertrautes Sprechen« genannt – eine Ausdrucksform, die erkannt und verstanden wird, obwohl sie von keinem Klang begleitet wird. Diese Art des Ausdrucks trifft auf eine Wahrheit, die bereits in uns vorhanden ist.

Wenn ich Shakuhachi-Musik oder die Vokalimprovisationen von Meredith Monk höre, schließe ich die Augen, lege den Kopf zurück und lasse den Klang einfach in mich eintreten. Er transportiert mich an einen Ort, der mir bereits bekannt ist, den ich aber vergessen habe – an einen Ort des Ursprungs. Ich erfahre etwas, das schon in mir existiert, von dem ich aber nicht wusste, dass es da ist. Liegt es an der Musik? An dem, was ihren Klängen vorausgeht? Am intuitiven Verstehen, das ihnen folgt? Oder an allem zusammen?

Auch wenn es im vertrauten Ausdruck keinen Klang gibt, können wir ihn nicht schweigend nennen. Diese Wirklichkeit ist unserem linearen, rationalen und dualistischen Denken unzugänglich, einem Denken, das auf Polaritäten und Gegensätzen beruht: Gut gegen Böse, Himmel gegen Erde, Selbst gegen andere, Form gegen Leerheit, Sprechen gegen Schweigen. Im Bereich der Polaritäten gibt es keine Vertrautheit. Vertrautheit ist der Ort, an dem die Gegensätze verschmelzen.

So, wie es in jedem Klang den Nicht-Klang gibt, so gibt es in jeder Form die Nicht-Form. Alles strebt in einer einzigen, unausdrückbaren Wirklichkeit zusammen – genau hier, genau jetzt. Geist und Materie sind dieselbe Wirklichkeit. Es gibt keine besondere spirituelle Kraft, die getrennt von den Sätzen, die wir aussprechen, oder den Formen, die wir wahrnehmen, existiert.

Das gewöhnliche Verstehen sieht mit dem Auge und hört mit dem Ohr.
Vertrautheit sieht mit dem Ohr und hört mit dem Auge.

JOHN DAIDO LOORI

Auf dem Berg Gridhrakuta wandte sich der Buddha an eine große Versammlung. Er sprach kein Wort. Er nahm eine Blume und hielt sie hoch, sodass alle sie sehen konnten. In der ganzen Versammlung gab es nur einen Schüler, Mahakashyapa, der lächelte. Als Buddha dies bemerkte, sagte er: »Ich bin im Besitz der alles durchdringenden Wahrheit, der wunderbaren Lehre der formlosen Form. Sie beruht nicht auf Worten und Erklärungen. Hiermit übergebe ich sie Mahakashyapa.« Unter den Zen-Koans ist dies ein archetypisches Beispiel für »vertrautes Sprechen«.

Der Buddha hielt eine vertraute Rede,
Mahakashyapa verheimlichte sie nicht.
Blumen öffnen sich nachts, wenn der Regen fällt,
im Morgengrauen füllen sich die Bäche im Tal
mit dem Duft des Frühlings.

Verwechseln Sie das Fragen und Antworten unserer gewöhnlichen Äußerungen nicht mit vertrautem Sprechen. Fragen und Antworten sind Wellen an der Oberfläche. Sie sind nicht das vertraute Sprechen selbst. In vertrauter Rede kann keine Kommunikation stattfinden. Kommunikation erfordert zwei Pole. Etwas geht von A nach B. In Vertrautheit existieren keine zwei getrennten Einzelnen, und nichts wird von A nach B übermittelt. In der Zen-Übertragung der Weisheit wird nichts übertragen; nichts geht vom Lehrer auf die Schülerin, den Schüler über. Der Schüler hat immer schon das, was der Lehrer auch hat. Der Schüler ist bereits der Lehrer. Schon jetzt verfügen Sie über das, worüber der Erwachte verfügte. Es muss nur noch erweckt und ins Leben geholt werden. Durch vertrautes Sprechen wird es lebendig.

Das Beste, was wir tun können, ist, immer offen und empfänglich zu sein. Egal, ob uns Zen-Unterweisungen, ein Kunstwerk oder das Leben selbst entgegentritt, wir können es hereinlassen, schmecken, erfahren, wir können es in unsere Zellen eindringen lassen, in unsere Poren, unseren Atem, in unser Sein und es einfach sein lassen.

In Vertrautheit gibt es kein Wissen. Es gibt kein Bezugssystem, aus dem heraus wir wissen können. Es gibt weder Außen noch Innen. Es gibt keine Sache, die gewusst, keine Person, die wissen kann. Nicht-Wissen erfüllt das Universum. Es gibt keinen Ort, an den man diesen grenzenlosen Körper stellen kann. Er enthält alles.

Ohne aus dem Fenster zu blicken,
kann man den Weg des Himmels sehen.

LAOZI

Dogen sagt: »Das Leben ist nichts anderes, als nach den unzähligen Bedeutungsmöglichkeiten zu suchen, mit denen die Welt und das Selbst schwanger gehen, und sie auszudrücken.« Wir tun dies in unserer Sprache und in unseren Aktivitäten. Dies gilt nicht nur für die Welt der Menschen, sondern auch für nichtmenschliche und unbelebte Welten. Sitzen Sie einmal offen in der Gegenwart eines Baums. Geschieht dabei nichts? Sitzen Sie mit einem unbewegten, stummen Felsen. Wird dabei nichts kommuniziert?

Die gesamte Wirklichkeit ist allzeit wach und übermittelt die Wahrheit, zeigt die Wahrheit. Selbst das Unbelebte überträgt vertraute Worte. Die Berge und Flüsse manifestieren kontinuierlich die Welt der Buddhas und Lehrer aus alter Zeit. Dogen nannte den Klang des Baches im Tal die »84 000 Lobgesänge«. Der Klang des Flusses und die Form des Berges – sie alle, in ihrer absoluten Leerheit, sind Ausdruck der Buddha-Natur.

Still und zufrieden sind alle Worte vergessen.
Klar und lebendig taucht es vor einem auf.
Wenn es erkannt wird, ist es unermesslich und ohne Ecken.

HONGZHI ZHENGJUE

In den Eröffnungsworten des *Sutra der Berge und Flüsse* sagt Dogen: »Die Berge und Flüsse der Gegenwart sind die Verwirklichung der Worte der ewigen Buddhas.« Manche Übersetzungen sprechen vom »Weg«

anstatt vom »Wort«. Ich finde, »Wort« ist stimmiger, da Dogen dieses Kapitel explizit als ein Sutra bezeichnet – als Worte Buddhas. Felsen, Bäume, der Wind, das Meer – alles manifestiert beständig das Dharma.

Und tatsächlich: Wenn wir diese Lehren sorgfältig betrachten, werden wir erkennen, dass alle Phänomene dieses wunderbaren Universums – hörbare, nicht-hörbare; greifbare, nicht-greifbare; bewusste, unbewusste – beständig die Wahrheit des Universums ausdrücken. Hören Sie es? Sehen Sie es? Wenn nicht, sollten Sie die Unterweisungen von Meister Dongshan befolgen und »mit den Ohren sehen, mit dem Auge hören«. Nur dann werden Sie die unbeschreibbare Wirklichkeit der Welt verstehen.

Nicht gleich mit
Nicht-Metapher.
Nicht stehend für
Nicht-Zeichen.

Minor White

In seinem »Lied vom Juwelenspiegel-Samadhi« versucht Meister Dongshan, Soheit zu beschreiben – diesen Moment, wie er ist, in seiner Vollkommenheit und Vollständigkeit. Er benutzt wundervolle Metaphern, um diesen Augenblick des Wirklichen deutlich werden zu lassen. In einer Zeile des Gedichts ruft Dongshan aus: »Baba waka – uku muku.« Als ich das zum ersten Mal las, verstand ich nicht, was damit gemeint war, und fragte Maezumi Roshi. Er sagte, es sei das Brabbeln eines Säuglings. Dieses Brabbeln ist der prägnante Ausdruck dieser unglaublichen Wahrheit, Ausdruck der Buddha-Natur selbst. Er unterscheidet sich nicht vom Gesang der Vögel, dem Geräusch des Windes in den Kiefern, dem Schrei eines Zen-Meisters oder vom Buddha, der auf dem Berg Gridhrakuta schweigend eine Blume hochhält.

Etwas muss sich mitgeteilt haben, als der Buddha die Blume hochhielt, denn Mahakashyapa verstand es. Erst nachdem Mahakashyapa begriffen hatte und lächelte, erklärte Buddha zum Wohle der gesamten Versammlung: »Ich bin im Besitz der alles durchdringenden Wahrheit, der wunderbaren Lehre der formlosen Form. Sie beruht nicht auf Worten und Erklärungen. Hiermit übergebe ich sie Mahakashyapa.« Zuerst hielt der Buddha die Blume hoch, zwinkerte, Mahakashyapa lächelte

und die Übertragung hatte stattgefunden. Dann, nach diesem Ereignis, wurde die Erklärung gegeben.

Sehr oft saß ich in der Zeit meiner Schulung vor meinem Lehrer in Dokusan. Etwas schien mir greifbar nahe zu sein; ich fragte ihn danach und wartete auf seine Antwort. Er aber gab mir nichts, kein Lächeln, kein Aufblitzen seiner Augen, kein Schnauben, kein Zucken – und doch: Bumm! Ich sah es; ich begriff. Immer wieder mache ich mit meinen Studentinnen und Studenten in der Kunst- und Zen-Praxis die gleiche Erfahrung. Ich zeige, oder ich schweige. Ihre Einsichten tauchen aus dem eigenen Inneren auf. Aus diesem Grund nennen wir Einsicht »die Weisheit, die keinen Lehrer hat«. Alles existiert bereits in uns. Wenn Sie in Ihrem Fragen offen und empfänglich, lebendig und wach sind, wird alles Sie pausenlos lehren und nähren. Direktes Zeigen und vertraute Rede sind Mittel, die das erwecken, was bereits da ist.

Betrachten Sie die Stille, dann den Klang, dann die Wahrnehmung, die darauf folgt. Nichts kommt von außen. Es ist wie mit den Koans. Wenn Sie ein Koan deutlich erkennen, ist nichts von außen hereingekommen. Gute Lehrerinnen und Lehrer versuchen, ihre Schülerinnen und Schüler so zu unterstützen, dass sie in ihrem eigenen Prozess der Entdeckung nicht vom Weg abkommen. Wenn sie selbst etwas entdecken, können sie frei darüber verfügen.

Wahrheit ist das, was in jedem Einzelnen von uns geschieht. Das ist der zentrale Punkt der Praxis. Praxis, egal, ob es sich dabei um Kunst oder Zen handelt, ist ein Weg, auf dem das Unsichtbare sichtbar gemacht wird. Wir alle sind vollkommen; uns mangelt es an nichts. Das war das Erste, was der Buddha lehrte, und es bleibt das Erste, was im Zen gelehrt wird. Manche werden diese Wahrheit der Vollkommenheit erkennen, andere nicht – und dennoch: Wir alle sind vollkommen. Praxis macht diese Tatsache offenbar.

Die Erfahrung der vertrauten Kommunikation machen wir mit Kunst, die wirklich stimmig ist, und auch dann, wenn das Leben frei und vollständig gelebt wird. Je öfter dies geschieht, umso mehr Ausblicke eröffnen sich, und wir fangen an zu begreifen, dass die »mystische Erfahrung« im Grunde etwas ganz Alltägliches ist. Sie ist Teil Ihres und meines Lebens, ein ganz gewöhnlicher Aspekt aller Wesen.

Vierzehn

Indras Netz

Versuchen Sie, sich ein Universum vorzustellen, in dem alle Dinge eine gemeinsame Identität haben. Alles ist abhängig voneinander entstanden: Wenn eine Sache entsteht, entstehen gleichzeitig alle Dinge. Außerdem beruhen diese Dinge auf einer gemeinsamen Kausalität: Das, was einer Sache widerfährt, widerfährt dem gesamten Universum.

Stellen Sie sich ein Universum vor, das ein Organismus ist, der aus sich selbst entsteht, sich selbst erhält und definiert – ein Universum, dessen Teile mit seiner Gesamtheit eine Einheit bilden: Alle Teile und das Ganze sind zugleich ein Ding.

Diese Beschreibung der Wirklichkeit entspringt weder einer ganzheitlichen Theorie noch einem alles bejahenden idealistischen Traum. Es ist einfach nur Ihr Leben und mein Leben. Das Leben des Berges und das Leben des Flusses. Das Leben eines Grashalms, eines Spinnennetzes und der Brooklyn Bridge. Diese Dinge stehen in keiner Beziehung zueinander. Sie sind kein Teil derselben Sache. Sie sind sich nicht ähnlich. Es ist eher so, dass sie vollkommen identisch miteinander sind!

Falls wir annehmen, dass diese Gedanken einfach nur Ausdruck einer esoterischen Metaphysik des Buddhismus sind, sollten wir einen Blick auf ein quantenphysikalisches Experiment werfen, das in jüngster Zeit in Genf durchgeführt wurde. Forscher schickten ein Photonen-Zwillingspaar durch eine Glasfaserverbindung in gegensätzliche Richtungen zu Messstationen, die in zwei Dörfern nördlich und südlich von Genf standen. Am Ende verzweigte sich das Glasfaserkabel, und die Photonen waren gezwungen, eine zufällige Wahl für einen der möglichen Stränge zu treffen. Die klassische Physik ging davon aus, dass es für die einzelnen Photonen keine Möglichkeit gab, miteinander zu kommunizieren und sagte deshalb voraus, dass die Wahl, die das eine Photon bezüglich seines weiteren Wegs treffen würde, keinen Einfluss auf die Entscheidung des anderen Photons haben würde. Die Ergebnisse zeigten jedoch, dass die Photonen miteinander in Wechselwirkung standen. Die unabhängigen Entscheidungen der einzelnen »Geschwister« der Photonen-Zwillingspaare entsprachen einander vollkommen, obwohl sie keine physikalische Möglichkeit hatten, Informationen auszutauschen. Eine Kommunikation zwischen beiden Teilchen hätte mit einer höheren Geschwindigkeit als der des Lichts stattfinden müssen, was, nach Einstein, unmöglich ist.

… denn da ist keine Stelle, die dich nicht sieht.

RAINER MARIA RILKE

Jedes Photon kannte das Verhalten seines weit entfernten Zwillings und reagierte entsprechend darauf. Dies geschah in weniger als einem Tausendstel der Zeit, die ein Lichtstrahl gebraucht hätte, um die Information von einem Ort zum anderen zu übermitteln. Die Verbindung und Wechselwirkung zwischen beiden Teilchen war unmittelbar. Sie verhielten sich so, als bildeten sie eine ungeteilte Wirklichkeit. Das Experiment weist auf weit reichende Verbindungen zwischen Quantenvorgängen hin, die nicht auf einer physikalischen Übermittlung beruhen. Diese Verbindungen sind direkt und erstrecken sich von einem Ende des Universums an das andere. Räumliche Distanz hat keinen Einfluss auf die Verbundenheit dieser Phänomene und verringert sie auch nicht.

Die Zen-Lehren sprechen seit über 1 500 Jahren von der Verbundenheit aller Dinge, die im Genfer Experiment deutlich wurde. Sie wird als das Diamantnetz Indras beschrieben, in dem alle Dinge verbunden sind, abhängig entstehen und einer wechselseitigen Kausalität unterliegen. Jedes Verbindungsglied dieses Netzes ist ein Diamant mit vielen Facetten, in denen sich alle anderen Diamanten spiegeln. Jeder Diamant schließt demnach alle anderen Diamanten mit ein. Man kann nicht einen dieser Diamanten berühren, ohne zugleich alle anderen zu beeinflussen. Dieses Netz erstreckt sich über die Gesamtheit von Raum und Zeit.

Dieses Diamantnetz ist keine Metapher. Für Zen-Buddhisten stellt es eine genaue Beschreibung der Wirklichkeit dar. Es beschreibt das, was in der Zen-Praxis verwirklicht wird. Nämlich die Einsicht, dass wir alle in Zeit und Raum umfassend und vollkommen miteinander verbunden sind.

Nur das Unverständliche spendet Licht.

Saul Bellow

Diese Wahrheit drückte auch der indische Mönch Bodhidharma aus. Er definierte Zen als »eine besondere Übertragung, außerhalb der Schriften, unabhängig von Worten und Buchstaben. Ein direktes Zeigen des menschlichen Geistes und der Verwirklichung der Erleuchtung.«

Es ist recht nahe liegend, diese Aussage misszuverstehen und die Bedeutung der Worte abzuwerten. Dann könnten wir glauben, dass die Erleuchtung nur erlangt werden kann, wenn wir stumm bleiben, dass Ideen wertlos sind, wenn es um die Einsicht in die Wahrheit des Universums geht. In der Tat gibt es Zen-Klöster und -Zentren, in denen Lesen streng verboten ist und Bücher hinter Schloss und Riegel verwahrt werden.

Dieser Ausspruch von Bodhidharma ließ in der Zen-Überlieferung den Satz »Gemalte Kuchen stillen keinen Hunger« aufkommen. Er ist ein Echo auf »Zen ist unabhängig von Worten und Buchstaben«. Damit wird gesagt, dass »gemalte Kuchen« – Repräsentationen der Wirklichkeit; die Wörter, Ideen, Bilder, mit denen wir die Wirklichkeit beschreiben – nicht die Wirklichkeit selbst sind. Sie befriedigen nicht unseren Hunger nach Wirklichkeit.

Das ist eine sehr enge Interpretation von Bodhidharmas Gedanken. Zen-Meister Dogen hielt diesem Missverständnis etwas entgegen. Er war nicht nur offen dafür, die Sprache zu benutzen, um die Wahrheit der Wirklichkeit zu lehren, sondern er hatte auch ganz deutlich erkannt, dass Symbol – das Wort oder Bild – und das Symbolisierte in Wahrheit eine einzige Wirklichkeit sind. Dogen nahm die »gemalten Kuchen« auf und verwandelte sie in Nahrung. Er sagte: »Gemalte Kuchen stillen den Hunger. Abgesehen von gemalten Kuchen gibt es keinen anderen Weg, den Hunger zu stillen.«

Meine Fotografien sind gemalte Kuchen. Meine Gedichte sind gemalte Kuchen. Dieses Buch ist ein gemalter Kuchen. Abgesehen von gemalten Kuchen gibt es keinen anderen Weg, das auszudrücken, was ich fühle, was ich denke.

Künstlerische Werke sind nicht weniger wirklich als die Wirklichkeit. Aus Dogens Sicht stellen sie keine Abstraktionen der Wirklichkeit dar. Sie sind ganz und gar die Wirklichkeit selbst.

Ihre Gedichte, Ihre Kunst *sind* Wirklichkeit. Dogen führt uns vor Augen, dass wir unsere dualistische Wahrnehmung des Universums und des Selbst hinter uns lassen müssen. Wir müssen uns darin üben, weder unsere Vorstellungen der Wirklichkeit noch die Wirklichkeit den Vorstellungen vorzuziehen, denn beide sind im Grunde nicht-dualistisch und ein klarer Ausdruck der Wahrheit.

Die Wirklichkeit ist nichtdualistisch. Wenn wir erwachen, verschmelzen alle Dualitäten – Selbst und andere, Sein und Nichtsein, Gut und Böse – in der gemeinsamen Soheit dieses Moments. Dann nehmen wir sie nicht länger im Bereich von diesem und jenem, dem Bereich des Getrenntseins wahr. Alle Verwandlungen und Verbindungen durch die wir gehen, um die Dinge zu definieren, laufen letztendlich nur auf eins hinaus: genau hier zu sein, genau jetzt, da, wo wir stehen.

Das, wonach du suchst, ist der, der sucht.

Franz von Assisi

Anfangs, wenn wir mit spiritueller Praxis in Kontakt kommen, nähern wir uns ihr aus einer tief verwurzelten dualistischen Sicht. Wir nehmen das gesamte Universum in einer dualistischen Weise wahr. Unsere Philosophie, unser Erziehungswesen, Medizin, Psychologie und Politik sind dualistisch. Wie wir das Universum in unserem Geist strukturieren, wie wir die Dinge verstehen – das alles beruht immer auf einer konditionierten, dualistischen Perspektive. Innerhalb dieser Muster wird auch unsere Kunst dualistisch sein. Sie handelt dann von Selbst und anderen, Subjekt und Objekt, Künstler und Publikum.

Die wirksamste Medizin gegen unseren Dualismus besteht darin, den stillen Punkt aufzudecken, der innerhalb aller Dualitäten ruht. Dies führt uns über die Trennungen und Konditionierungen hinaus zu dem wirklichen Grund unseres Seins. Wenn wir diesen stillen Punkt tatsächlich berühren, treten wir in Kontakt mit den zentralen Lehren des Zen. Wir haben bereits gesehen, dass das *Herz-Sutra* diese Realität als »nicht Auge, Ohr, Nase, Zunge, Körper, Geist; nicht Farbe, Klang, Geruch, Geschmack, Phänomen; nicht der Bereich des Sehens, nicht der Bereich des Bewusstseins« beschreibt. Alle Formen lösen sich auf.

Was wir dann jedoch haben, ist ein nutzloser Fleischkloß, der auf einem Meditationskissen sitzt. Er sieht nicht, hört nicht, denkt nicht, liebt nicht, hasst nicht, tanzt nicht, schreit nicht. Er sitzt einfach nur da – ein Berg von Protoplasma. Soll das unser Leben sein? Ist das der stille Punkt? Mit Sicherheit nicht! Denken Sie an das Leben von Soen Roshi oder irgendeines anderen Zen-Lehrers, der in diesem Buch erwähnt wurde. Sie waren voller Leben; sie manifestierten pausenlos Leben. Es muss also noch etwas geben, etwas, das über die Tatsache von »nicht Auge, Ohr, Nase, Zunge, Körper, Geist« hinausgeht. Wir müssen über die totale Ruhe des stillen Punktes hinausblicken und wieder aktiv werden.

Der Prozess geht also weiter. Wir steigen vom heiligen Gipfel hinab in die Welt. Dazu sagt das *Herz-Sutra*: »Form ist nichts anderes als Leerheit, Leerheit nichts anderes als Form. Form ist Leerheit, Leerheit ist Form.« Nachdem wir die absolute Sicht wieder losgelassen haben, verschmelzen beide vermeintlichen Dualismen nun zu einer einzigen Wirklichkeit. Sobald Geist und Objekte eine einzige Wirklichkeit sind, verschmelzen alle Dualismen. Sie und ich sind dasselbe. Und zugleich bin ich nicht Sie, und Sie sind nicht ich. Beide Tatbestände existieren nebeneinander, beide sind wahr.

In alter Zeit drückte Meister Shitou Xiqian diese Wahrheit in seinem liturgischen Gedicht »Die Verschmelzung von Relativem und Absolutem« aus. Darin heißt es:

> Alle Sphären, alle Sinne und Felder,
> vermischen sich selbst dann, wenn sie allein strahlen,
> interagieren selbst dann, wenn sie miteinander verschmelzen.
> Und doch bleiben sie an ihren Orten in ihren eigenen Ausdrucksformen.
>
> ...
>
> Licht ist auch Dunkelheit, doch bewege dich mit ihr nicht als Dunkelheit.
> Dunkelheit ist Licht; sehe sie nicht als Licht.
> Licht und Dunkelheit sind nicht eins, nicht zwei,
> wie der vordere und der hintere Fuß beim Gehen.
> Jedes Ding hat sein eigenes Sein, das sich von seinem Ort und seiner Funktion nicht unterscheidet.
> Das Relative passt zum Absoluten wie ein Behälter zu seinem Deckel.
> Das Absolute begegnet dem Relativen
> wie zwei Pfeile, die in der Luft aufeinander treffen.

one.

Just one.

That's all

Es ist schwierig, diese Beschreibung der Wirklichkeit zu erfassen. Sie formuliert ein grundlegendes Paradox unseres Lebens, das intellektuell nicht gelöst werden kann – aber das muss es auch nicht. Es muss sich einfach nur als unser Leben ausdrücken.

Widerspreche ich mir selbst?
Nun gut, ich widerspreche mir selbst;
ich bin groß, ich bin eine Vielfalt.

Walt Whitman

Aus diesem Grund ist Praxis so wichtig. Die Essenz unseres Lebens, das Herz der Sache kann letztendlich nicht ausgedrückt werden. Sie werden niemals in der Lage sein, es zu erklären. Kein Lehrer wird es je erklären können. Buddha konnte es nicht erklären. Warum? Weil es nicht von außen kommt, nicht von einem Buddha oder einem Meister, nicht aus einem Buch oder einem Satz. Es ist bereits in Ihnen, ist bereits Ihr Leben. Das Problem ist nur, dass es verschleiert ist, vergraben unter Schichten von Konditionierungen, unter den gewohnten Mustern, unseren Geist zu gebrauchen.

In der Tiefe der Stille schmelzen alle Worte dahin,
Wolken lösen sich auf, und es steht klar und deutlich vor dir.

John Daido Loori

Was die unglaublichen Lehren des Zen und der Zen-Künste anzubieten haben, ist einfach nur ein Prozess. Wenn Sie dieses Buch in der Annahme schließen, dass Sie Zen oder Kreativität verstanden haben, dann habe ich versagt. Wenn alles gut geht, werden Sie es nie verstehen. Wenn Sie jedoch den Prozess genießen können, wenn Sie bereit sind, sich auf ihn einzulassen, zeigt sich Ihnen ein Weg, auf dem Sie zu Ihrer natürlichen Vollkommenheit zurückkehren können, zur ursprünglichen Weisheit Ihres Lebens.

Abbildungen

Seite 164 Otagaki Rengetsu, *Dried Persimmons* (*Getrocknete Kaki-Früchte*). Sumi-e auf Papier, 17,1 x 15,2 cm, New Orleans Museum of Art.

171 Gyokusei Jikihara, *Riding the Ox* (*Auf dem Ochsen reiten*), 1982. Sumi-e auf Papier, 37,5 x 44,7 cm, ZMM-Archiv.

173 John Daido Loori, *Feh!*, 2000. Sumi-e auf Papier, 6,1 x 35,6 cm, ZMM-Archiv.

175 John Daido Loori, *Crow* (*Krähe*), 1997. Schwarzweißfotografie, 15,2 x 23,5 cm, ZMM-Archiv.

177 Gyokusei Jikihara, *Hanshan and Shide* (*Hanshan und Shide*), 1991. Sumi-e auf Papier, 45,1 x 31,8 cm, ZMM-Archiv.

181 Sosan Genkyo (1799-1868), *Daito Kokushi*. Sumi-e auf Papier, 99,7 x 30,5 cm, The Gitter Collection.

183 Hakuin Enkaku (1685-1769), *Curing Hemorrhoids* (*Heilung von Hämorriden*). Tusche und Farbe auf Papier, 55,9 x 64,1 cm, Eisei Bunko Museum, Tokyo.

185 Houshun Masuda, *Okina-Maske*, 2003. 18,1 cm, Privatsammlung.

191 John Daido Loori, *Mystery* (*Mysterium*), 2003. Tusche auf Holz, 24,1 x 27,9 cm, ZMM-Archiv.

194 John Daido Loori, *Blue Heron* (*Blaureiher*), 1972. Schwarzweißfotografie, 20,3 x 25,4 cm, ZMM-Archiv.

196 John Daido Loori, *Rock Scar* (*Felswunde*), 1999. Farbfotografie, 15,2 x 23,5 cm, ZMM-Archiv.

204 Bum Ju Lee, *Hotei,* 1986. Sumi-e auf Papier, 55,4 x 80,6 cm, ZMM-Archiv.

208 John Daido Loori, *Pointing Rock* (*Aufzeigender Felsen*), 1999. Farbfotografie, 15,2 x 23,5 cm, ZMM-Archiv.

211 Vo Dinh, *Ohne Titel*, 1985. Tusche auf Seide, 55,9 x 81,3 cm, ZMM-Archiv.

213 Sengai Gibon (1750-1838), *Smiling Frog* (*Lächelnder Frosch*). Sumi-e auf Papier, 40,6 x 52,1 cm, Idemitsu Museum, Tokyo.

223 John Daido Loori, *Kelp* (*Seetang*), 1999. Farbfotografie, 15,2 x 23,5 cm, ZMM-Archiv.

225 Yohki Shimizu, *Carp Leaping* (*Springender Karpfen*), 1982. Sumi-e auf Papier, ZMM-Archiv.

231 Abt des Myoshin-Klosters, *Bodhidharma,* 1987. Sumi-e auf Papier, 33 x 131,4 cm, ZMM-Archiv.

234 John Daido Loori, *Just One* (*Einfach nur Eins*), 2000. Sumi-e auf Papier, 24,1 x 27,9 cm, ZMM-Archiv.

236 Bum Ju Lee, *Hotei,* 1986. Sumi-e auf Papier, 55,4 x 80,6 cm, ZMM-Archiv.

Über den Autor

John Daido Loori ist einer der bekanntesten Zen-Meister des Westens. Er ist Gründer und spiritueller Leiter des zen-buddhistischen Mountain and River Order und Abt des Zen Mountain Monastery, eines der führenden Ausbildungs-Klöster der USA.

Loori ist Linienhalter in den Rinzai- und Soto-Schulen des Zen. Es ist sein Anliegen, die authentische Praxis beider Traditionen weiterzuführen, aber zugleich ist Loori dafür bekannt, dass er den traditionellen Buddhismus in ganz persönlicher Weise in die amerikanische Kultur integriert. Dabei geht es ihm vor allem um die Kunst, den Umweltschutz, soziale Aufgaben und den Einsatz moderner Medien als Mittel der spirituellen Schulung und gesellschaftlichen Veränderung.

Loori, der als Fotograf und Videokünstler mit Preisen ausgezeichnet wurde, hat sowohl in der angewandten als auch in der künstlerischen Fotografie Karriere gemacht. In den USA und im Ausland war er mit mehr als einhundert Einzel- und Gruppenausstellungen vertreten, und seine fotografischen Arbeiten wurden in führenden Fotografie-Zeitschriften wie *Aperture* und *Time Life* veröffentlicht.

Unter Looris siebzehn Veröffentlichungen finden sich *Timeless Inquiry: Master Dogen's Three Hundred Koan Shobogenzo* (Shambala, 2005), *Sitting with Koans* (Wisdom Publication, 2005) und *Teachings of the Insentient: Point Lobos Photographs* (Dharma Communications, 2004). Weitere ausgewählte Werke sind: *The Eight Gates of Zen* (Shambala, 2002), *The Art of Just Sitting* (Wisdom Publications, 2002) und *The Heart of Being: Moral and Ethical Teachings of Zen* (Charles E. Tuttle, 1996). Loori hat zu zahlreichen Anthologien beigetragen und hält regelmäßig Vorträge an Universitäten und Zen-Zentren in den USA und im Ausland.